E. GRENET-DANCOURT

———

LA BANQUE

DE

L'UNIVERS

COMÉDIE EN CINQ ACTES

PARIS

PAUL OLLENDORFF, ÉDITEUR

28 bis, RUE DE RICHELIEU, 28 bis

———

1886

LA
BANQUE DE L'UNIVERS

COMÉDIE EN CINQ ACTES

Représentée pour la première fo's, à Paris, sur le théâtre de l'Ambigu,
le 16 janvier 1856.

DU MÊME AUTEUR

IMPRIMERIE GÉNÉRALE DE CHATILLON-SUR-SEINE — A. PICHAT

E. GRENET-DANCOURT

LA BANQUE

DE

L'UNIVERS

COMÉDIE EN CINQ ACTES

PARIS

PAUL OLLENDORFF, ÉDITEUR

28 *bis*, RUE DE RICHELIEU, 28 *bis*

1886

PERSONNAGES

ROBERT DUMONT, 32 ans	MM. Brémont,
PAUL BERNARD, dit FAVERNY, 36 ans	Montal.
LE MARQUIS DE ROUVRAY, 70 ans	Laray.
LE DUC MAURICE D'ANGERVILLE, 25 ans . . .	Décori Walter.
RONCHON, caissier, 58 ans	Péricaud.
MATHURIN CHIGNOLLES, 50 ans	Courtès.
LE BARON DE SAINT-FLASQUE, 21 ans	Petit.
LE VICOMTE DE FLAGEOLLE, 20 ans	Pougaud.
HECTOR BADERNAU, 55 ans	Fleury.
DON BANCO, 35 ans	Gédéon.
ISAAC BOOZ, 60 ans	Livry.
AUGUSTE MORIN, 40 ans	Bernez.
MOUTONNET, 65 ans	Bernay.
PROSPER, jeune employé	Franck.
JULES, id.	Perisi.
AMÉDÉE, id.	Dorléac.
LE COMMISSAIRE DE POLICE	Duchesne.
JEAN DURET	Walter.
FRANÇOIS, garçon de banque	Ploton.
ANTOINE, vieux domestique	Paulin.
LE SECRÉTAIRE DU COMMISSAIRE (personnage muet)	Valleret.
PREMIER GARDIEN DE LA PAIX	Siuveton.
DEUXIÈME GARDIEN DE LA PAIX	Villars.
PREMIER SOUSCRIPTEUR	Gavaud.
DEUXIÈME SOUSCRIPTEUR	Richet.
TROISIÈME SOUSCRIPTEUR	Marics.
JEANNE DUMONT, 25 ans	Mmes Henriot.
GENEVIÈVE DUMONT, 19 ans	Alise Guyon.
LA BARONNE HORTENSE DE GRANDPRÉ, 30 ans .	Berthe Gilbert.
MARQUISE DE MONTDORÉ	Gabrielle Doria.
VICOMTESSE DE SOLANGES	De Gérardon.
COMTESSE DE NANCY	Gauthier.
BIBI	Lacroix.
ZOÉ	Bernold.
MADAME MOUTONNET	Morin.
JOSEPH	Jeanne Peloy.

CLIENTS DE LA BANQUE DE L'UNIVERS, INVITÉS, DOMESTIQUES, ETC.

———

Le premier acte se passe au commencement du mois de décembre et le second à la fin du même mois; les trois derniers actes se passent au commencement du mois d'avril.

Pour la mise en scène, s'adresser à M. Péricaud, régisseur général du théâtre de l'Ambigu.

LA
BANQUE DE L'UNIVERS

ACTE PREMIER

Un salon modestement meublé. Porte au fond, portes latérales. En scène, à gauche, un canapé, à droite, un guéridon. — Au fond, à gauche, un piano. Meubles divers. — Au lever du rideau, Geneviève assise au piano, joue les dernières mesures d'une valse ; Jeanne, debout, près d'elle, tourne les pages. Robert et Faverny assis à droite, de chaque côté du guéridon, prennent le café.

SCÈNE PREMIÈRE

ROBERT, FAVERNY, JEANNE, GENEVIÈVE, puis ANTOINE.

ROBERT, à la fin du morceau.

Bravo, Geneviève, bravo ! (A Faverny.) Qu'en dis-tu ?

FAVERNY.

Je suis sous le charme, mon cher Robert, absolument sous le charme : Listz ne joue pas mieux que mademoiselle.

1

GENEVIÈVE, descendant en scène.

Prenez garde, monsieur, je l'ai entendu.

FAVERNY, se levant.

Mais, moi aussi, mademoiselle, et je vous assure..

ROBERT, à la porte de droite.

Antoine !

JEANNE, descendant en scène.

Je vous avertis, monsieur Faverny, que si vous faites trop de compliments à ma belle-sœur, sa modestie ne vous le pardonnera pas.

FAVERNY.

Cependant, madame...

ROBERT, toujours à la porte de droite.

Antoine, apportez-nous des cigares.

FAVERNY.

Des cigares ?... Tu veux donc mettre ces dames en fuite ?

JEANNE.

Je crois, en effet, que c'est un peu là l'intention de mon mari.

ROBERT, protestant.

Oh ! Jeanne !...

JEANNE, riant.

Nous le pardonnons d'autant plus volontiers que nous allions vous demander, messieurs, l'autorisation de nous retirer.

FAVERNY.

Déjà ?

JEANNE.

Ma belle-sœur est un peu souffrante : cette nuit, au bal, chez la marquise de Montdoré, elle s'est trouvée mal...

ROBERT, continuant.

En valsant. (A Geneviève.) Tu valses trop, petite sœur !...

GENEVIÈVE, souriant.

Je ne le ferai plus, grand frère !

JEANNE, à Faverny.

Vous permettez ?

FAVERNY, s'inclinant.

Avec regret !

JEANNE, saluant.

Messieurs.

Elle sort par la porte de gauche, avec Geneviève.

ANTOINE, entrant par la droite.

Les cigares !

Il pose une boîte sur la table.

ROBERT, montrant le plateau où sont les tasses.

C'est bien, enlevez cela et laissez-nous !

Antoine prend le plateau et sort par la droite.

SCÈNE II

ROBERT, FAVERNY, puis ANTOINE.

FAVERNY, allumant un cigare.

Sais-tu, mon cher Dumont, que ta femme est charmante.

ROBERT, même jeu.

Je le sais.

FAVERNY.

Que ta sœur est un ange !

ROBERT.

Je le sais aussi.

FAVERNY.

Et qu'entre deux femmes pareilles, tu dois être le plus heureux des hommes !

ROBERT, un peu sombre.

Le plus heureux des hommes, je le serais, si...

FAVERNY, vivement.

Si ?...

ROBERT, après un peu d'hésitation.

Parlons de toi, d'abord, veux-tu ? Dis-moi ce que tu es devenu depuis six années que je t'ai perdu de vue, et surtout, dis-moi comment, t'ayant connu sous le nom de Paul Bernard, je te retrouve aujourd'hui sous celui de Faverny ?

FAVERNY, évitant de répondre.

Six ans, c'est vrai ! Il y a six ans que nous ne nous sommes vus. J'ai vieilli, n'est-ce pas ?

ROBERT.

Dam, je t'avoue que si tu ne m'avais pas abordé avant-hier, au cercle, je ne t'aurais pas reconnu.

FAVERNY.

Comme ça passe, les années ! Il y a six ans, nous travaillions côte à côte dans les bureaux de la Banque Générale que dirigeait ton brave et honnête homme de père. Oublieux de la veille, contents de l'aujourd'hui et insoucieux du lendemain, nous croyions que ça durerait toujours, le bonheur !... Imbéciles ! nous comptions sans la mort; elle a fait signe à ton père, et il est parti, nous laissant tous les deux sur le pavé, toi avec une grosse fortune et moi, sans le sou.

ROBERT, surpris.

Sans le sou ?... (Vivement.) Mon ami, si j'avais su...

FAVERNY.

Tu l'aurais su que cela ne m'aurait pas enrichi.

ROBERT.

Pardon, je t'aurais...

FAVERNY, l'interrompant.

Bref, j'ai voulu .. (Changeant de ton.) Du feu, s'il te plaît!... (Il rallume son cigare au cigare de Robert.) Merci ! (Reprenant.) J'ai voulu être riche comme toi, et, à mon tour, je me suis établi banquier...

ROBERT.

Sans argent ?

FAVERNY.

Evidemment, puisque c'est pour en avoir que...

ROBERT.

Et, tu es toujours... dans les affaires ?

FAVERNY.

Non, non, je m'en suis retiré après trois ans... d'exercice...

ROBERT, gaîment.

Avec cent mille livres de rentes, je parie ?

FAVERNY, froidement.

Avec dix-huit mois de prison.

ROBERT.

Dix-huit mois de...

FAVERNY, l'interrompant.

Par contumace... car, comme tu dois le penser, je n'ai pas attendu que l'on me vînt mettre la main au collet. Ayant à choisir entre Mazas et l'étranger, j'ai choisi l'Amérique. J'espérais centupler dans ce pays, les économies que j'avais réalisées en France, rentrer dans mon pays, désintéresser mes créanciers, en appeler de ma condamnation et reprendre rang parmi mes concitoyens. Malheureusement, il faut croire que mon visage déplaît à Dame Fortune, car, là-bas, comme ici, elle m'a refusé ses faveurs, et j'ai perdu à New-York, tout ce que

j'avais pu... sauver du naufrage que j'avais fait à Paris...
Je suis donc revenu...

ROBERT.

Et maintenant... de quoi vis-tu?

FAVERNY.

Je suis membre de plusieurs cercles.

ROBERT.

De plusieurs?... Malheureux ! tu...

FAVERNY, l'interrompant.

Je gagne quelquefois, voilà tout.

ROBERT.

Mais, j'y songe, il n'y a pas prescription au jugement
qui t'a condamné, et, un jour ou l'autre, la police peut
découvrir...

FAVERNY, froidement.

J'en fais partie...

ROBERT, stupéfait.

Toi ?

FAVERNY.

Moi. Prévoyant que la police pourrait, en effet, s'oc-
cuper de mon humble personnalité, j'ai demandé, en
rentrant à Paris, à être attaché au service de la sûreté,
et à l'aide de protections puissantes, j'ai réussi. Tiens,
voici ma carte : Service de la sûreté. Paul Faverny, etc.

ROBERT, regardant la carte.

Paul Faverny... — Comment, c'est sous un faux nom
que ..

FAVERNY.

Parbleu ! Qui donc irait supposer qu'un homme qui
sollicite l'honneur de faire partie de la police, signe sa
demande d'un faux nom? Personne, et la preuve, c'est
que c'est moi, Paul Faverny, qui suis chargé de retrouver
la trace de Paul Bernard.

ROBERT.

Mais enfin, l'on peut te reconnaitre, et, parmi les anciens collègues de la Bourse, il s'en peut trouver...

FAVERNY, l'interrompant.

Aucun, parmi eux, n'a intérêt à me dénoncer et presque tous ont intérêt à ne pas le faire. Les loups, mon cher, ne se...

ROBERT, continuant.

Mangent pas entre eux... C'est juste.

FAVERNY, après un temps.

Tu crois rêver, n'est-ce pas, et te demandes si tout ce que je te raconte est vrai?...

ROBERT, le regardant en face.

Non. Mais je me demande pourquoi tu me le racontes.

FAVERNY.

Parce que j'ai besoin de toi.

ROBERT.

De moi?

FAVERNY.

Oui.

ROBERT.

Pourquoi?

FAVERNY.

Pour diriger une entreprise dans laquelle mon nom, pour les raisons que je viens de te dire, ne peut figurer.

ROBERT.

Et cette entreprise?

FAVERNY.

Je ne t'étonnerai pas en te disant que j'ai du mal à vivre. Les cercles... encore un commerce qui périclite ; quant à mes appointements de... d'observateur à la

préfecture, inutile d'en parler. J'ai donc résolu de fonder
une nouvelle maison de banque, que j'intitulerai la banque de l'Univers. Un beau titre, n'est-ce pas?... Elle fonc-
tionnerait depuis un mois déjà, si l'homme qui m'avait
promis son nom et son appui, ne s'était avisé de mourir
subitement. Je désespérais de parvenir à le remplacer
lorsque le hasard m'a fait te rencontrer.

ROBERT.

Et tu as songé à moi pour...

FAVERNY.

Oui, et cela pour trois raisons que je vais te dire : La
première, c'est que tu portes un nom connu et respecté
dans la finance; la seconde que je me suis souvenu,
qu'élevé dans le sérail, tu en connaissais les moindres
détours et promettais déjà à vingt-cinq ans un financier
de premier ordre, et enfin, la troisième...

ROBERT.

La troisième?

FAVERNY.

C'est que je sais que tu es ruiné.

ROBERT.

Moi?

FAVERNY.

A plates coutures.

RO ERT.

Qui t'a dit?

FAVERNY.

Quand je t'ai abordé l'autre soir, au cercle, ce n'était
pas la première fois que je t'y voyais, c'était la seconde.
Je t'avais aperçu huit jours avant, assis à la table de bac-
carat : Tu venais de jeter deux cents louis sur le tapis
vert, et, l'œil fixe, le visage pâle, les dents serrées, tu attendais anxieux, que le banquier eût retourné la carte
qui allait ou doubler ta mise, ou te l'enlever. Tu perdis,

et, chancelant, tu te retiras sans dire une parole. Tant
d'émotion, pour une perte aussi insignifiante me parut
tellement extraordinaire que je pris des informations à
la suite desquelles j'appris que, six mois après le décès
de ton père, tu avais épousé une jeune fille, aussi bonne
que belle, mais sans fortune, et néanmoins, assoifée
comme toi, de toutes les jouissances que donnent le luxe
et le plaisir. Tudieu, mes gaillards, vous avez mené
joyeuse la vie : Hôtel à Paris, villa à la mer, manoir en
Touraine!... Rien ne manquait. Mais hélas! la poussière
que soulevait le galop de vos pur-sang vous a empêchés
de voir ce point microscopique qu'on appelle l'avenir et
au rêve rose a succédé le réveil noir. (Changeant de ton.)
C'est ton notaire qui t'a réveillé. Les pur-sang, le manoir,
la villa, l'hôtel et le reste, tu vendis tout. Tu aurais pu
encore, avec ce qui te restait, faire figure dans le monde,
malheureusement tu as voulu reconquérir ce que tu avais
si follement gaspillé et tu as joué : à la bourse d'abord,
dans les cercles ensuite. Et la dégringolade a continué,
activée, d'un côté, par les dépenses exagérées de ta
femme, à laquelle tu as eu tort de cacher ta véritable situation, et, d'un autre, par tes déveines successives, soit
autour de la corbeille, soit autour du tapis vert. Si bien
qu'aujourd'hui, tu en es réduit à te demander comment
tu vivras demain. (Souriant.) Tu vois, cher ami, que rien
de ce qui t'intéresse ne m'est étranger.

ROBERT, d'une voix hésitante.

Tu oublies, mon cher, en admettant que tout ce que
tu viens de dire soit vrai, que ma sœur vit avec nous et,
qu'à la rigueur, sa fortune personnelle nous mettrait à
l'abri de...

FAVERNY.

Je n'oublie rien. C'est toi, au contraire, qui sembles ne
pas te souvenir que, tuteur des biens de mademoiselle
Geneviève, sa fortune personnelle qui s'élevait à huit cent
mille francs environ, si j'ai bonne mémoire, est allée rejoindre la tienne.

ROBERT, troublé.

C'est faux, c'est... je... (Baissant la tête sous le regard de Faverny.) Ah !

FAVERNY.

Je n'oublie pas non plus qu'il circule en ce moment dans le commerce parisien, certains billets à échéance très rapprochée qui portent ton nom et que tu ne pourras payer...

ROBERT, avec force.

Je paierai !

FAVERNY.

Comment ?

ROBERT.

En vendant tout ce qui me reste, après quoi je partirai...

FAVERNY, l'interrompant.

Pour le Chili où l'on t'a promis une magnifique situation ? Je sais encore cela. Malheureusement le poste dont tu veux parler, a été donné à un autre, ce matin même.

ROBERT, tressaillant.

A un autre ? (Accablé.) Ah ! mais alors, c'est fini, et je... et tout m'abandonne.

FAVERNY, vivement.

Excepté moi, puisque je viens te...

ROBERT, froidement.

Je refuse.

FAVERNY, même jeu.

Pourquoi ?

ROBERT, le regardant en face.

Parce que je suis sûr que si j'acceptais ce que tu me proposes, je perdrais la seule chose qui me reste : l'honneur.

FAVERNY, ricanant.

L'honneur? Pardieu, tu me ferais bien plaisir de me dire ce que c'est que l'honneur. Un mot creux qui disparaîtra avec beaucoup d'autres qui, depuis longtemps déjà s'en sont allés on ne sait où.

ROBERT.

Tu m'épouvantes! Et je me demande comment tu en es arrivé à un pareil degré de cynisme.

FAVERNY.

J'ai vécu. Tour à tour dans l'opulence et la misère, j'ai étudié les hommes. A la veille de les étudier comme moi, tu m'en diras bientôt des nouvelles. Adieu.

ROBERT, cherchant à le retenir.

Un moment.

FAVERNY.

Non, je m'aperçois que j'ai fait fausse route en venant à toi, je me retire.

ROBERT.

Ecoute-moi.

FAVERNY.

A la fortune que je viens t'offrir, tu préfères la misère, libre à toi. Je doute cependant que madame Dumont et mademoiselle Geneviève te complimentent lorsqu'elles sauront la situation dans laquelle tu les as mises.

ROBERT.

Elles?... Ah! qu'elles ne sachent jamais!...

FAVERNY, raillant.

Tu leur objecteras que l'honneur est sauf. (Sur un ton de pitié.) Pauvre ami, qui crois encore... (Changeant de ton.) Mais tiens, suppose que moi, Paul Bernard, qui porte un nom flétri, je sois demain millionnaire, pendant que toi, Robert Dumont, l'honnête homme, tu te draperas dans ta pauvreté et demande-toi quel est celui de nous deux qu'on saluera le plus bas. Demande-toi même si, lorsque

la ruine sera connue, tu trouveras un seul ami pour te
tendre la main. Peut-être en as-tu déjà rencontrés qui...

ROBERT, d'une voix sourde.

Hélas! tu dis vrai: l'un d'eux sur lequel j'étais en droit de
compter le plus et à qui j'ai tout dit, toutes mes angoisses,
toutes, m'a fait répondre, lorsque je suis allé chez lui, ce
matin, qu'il ne pouvait ni me recevoir, ni m'entendre et
me priait de cesser mes visites! Et c'est un homme que
j'ai sauvé non seulement de la misère et du déshonneur,
mais encore que j'ai sauvé de la mort — il allait se sui-
cider quand je suis venu à son secours, et aujourd'hui
qu'il sait que je suis pauvre, aujourd'hui qu'il sait que
je suis désespéré, aujourd'hui que je lui crie: Fais pour
moi ce que j'ai fait pour toi, il me fait jeter dehors, par
ses gens, comme un voleur. (Avec rage et dégoût.) Ah! lâche! lâche! lâche! Et tous ceux qui me serraient la main
hier feront de même demain. Tu as raison. Ils se détour-
neront de moi comme d'une bête malfaisante et diront:
ne l'approchez pas, il est pauvre!... Et leur porte qu'ils
ouvrent à deux battants à tous ceux qu'ils savent être riches, sans leur demander d'où vient leur fortune, se fer-
mera devant moi, si je me présente. Eh bien, non! cela
ne sera pas, et je suis ton homme, Faverny, je suis ton
homme! J'en ai assez d'ailleurs, de la vie que je mène
depuis trois ans, j'en ai assez d'avoir constamment vis-à-
vis des miens, le mensonge sur les lèvres; de rougir devant mes domestiques dont je ne paie pas les gages;
d'attendre chaque jour de la couleur d'une carte, la vie
du lendemain; j'en ai assez enfin de cette misère en ha-
bit noir, qui n'a pas comme les autres misères, le droit
de s'étaler au soleil, car il faut que je me cache et donne
le change à tous ceux qui m'entourent. J'y avais réussi
jusqu'à présent et, excepté toi, et cet homme dont je te
parlais tout à l'heure, personne ne connaissait la vérité!
Mais c'était là, tu l'as trop bien deviné, une question de
jours et dans peu tout Paris aurait su ma ruine. Je comptais, pour y échapper, sur ce poste au Chili, mais puisque ce dernier espoir m'échappe, je te le répète, je suis
ton homme et j'accepte, quelles que soient les responsa-

bilités à encourir, la proposition que tu viens de me faire.
Tu m'as ouvert les yeux, Faverny, et je suis maintenant
de ton avis : l'argent, c'est de l'honneur.

FAVERNY, riant.

Doucement, cher ami, tu vas trop loin. Si je t'ai ouvert mon cœur, raconté ma vie, et dit toutes mes pen.
sées, c'était pour qu'il n'y eût pas d'équivoque entre nous,
pas autre chose, car l'affaire dont il est question est une
affaire sérieuse que nous pourrons facilement mener à
bien, sans employer aucun moyen... déshonnête. (Légèrement.) Je ne dis pas qu'au début, nous ne serons pas
obligés de sauter par dessus certains articles des lois qui
régissent les sociétés financières, mais quand le succès
aura couronné nos premiers efforts, et il les couronnera
bientôt, j'en réponds ! qui le saura ?.. Je ne pense pas
que ceux que nous aurons enrichis viendront nous demander jamais comment nous nous y sommes pris. Et
puis, tu dois penser que si je tente à nouveau l'aventure,
ce n'est pas pour aboutir à un nouveau désastre. J'ai pu
me tromper une première fois, mais aujourd'hui, j'ai de
l'expérience... et... et je... (Changeant de ton.) Enfin, voici
ce dont il s'agit : je fonde, comme je te l'ai dit, une maison de banque, la Banque de l'univers... dont je t'offre la
direction. (Jetant son cigare.) Ils ne valent rien, tes cigares.
(Reprenant.) Et dans laquelle nous ferons toutes les opérations, que l'on fait dans ce genre d'établissements, sauf
cependant l'escompte et les prêts ou avances sur quoi
que ce soit... en commençant. Donc, la banque installée
et elle le sera dans quinze jours, si nous voulons... je
lance, ou plutôt, nous lançons la société anonyme des
mines d'or de la Savane, au capital de cinq millions, di-
visé en dix mille actions de cinq cents francs chacune.

ROBERT, étonné.

Les mines d'or de la Savane ?

FAVERNY.

Lors de mon séjour en Amérique... mais ce serait trop

long à t'expliquer...(Sortant des papiers d'une serviette.) Prends
tous ces papiers, enferme-toi dans ton cabinet et examine-
les avec soin ; tu y trouveras les renseignements nécessaires. Moi, je cours au grand cercle, où m'attendent les
futurs administrateurs de notre future société.

ROBERT.

Comment, tu as déjà?..

FAVERNY.

Mais oui, depuis un mois, puisque...

ROBERT.

C'est juste !

FAVERNY.

Je n'en ai que quatre, la loi en exige sept, mais nous
nous compléterons facilement. En attendant, il est utile
de nous voir et de nous entendre, et d'examiner grosso-
modo le projet d'acte de société que j'ai élaboré. Allons,
je vais les chercher... à tout à l'heure, cher ami, à tout à
l'heure.

ROBERT, d'un tor embarrassé.

Oui... à tout...

FAVERNY.

Au moins, tu es bien décidé?

ROBERT, hésitant.

Mais... (A Antoine qui entre.) Qu'y a-t-il?

ANTOINE, bas, à Robert.

C'est un individu qui est là, dans l'antichambre, qui dit
que vous lui devez de l'argent et qu'il ne s'en ira pas sans
être payé. Voici sa carte.

ROBERT, regardant la carte.

Faites-le passer dans mon cabinet.

Antoine sort.

FAVERNY, après un temps pendant lequel Robert déchire avec colère la carte qu'on lui a remise.

Eh bien?

ROBERT résolument.

Eh bien, c'est entendu, à tout à l'heure.

FAVERNY, regardant sa montre.

Il est deux heures... à quatre heures, nous serons ici !

SCÈNE III

LES MÊMES, JEANNE.

JEANNE, entrant vivement.

Mon ami, je... (Apercevant Faverny.) Oh ! pardon !

FAVERNY.

Je me sauve, madame, je me sauve.

JEANNE.

Ce n'est pas moi qui en suis la cause, au moins ?

FAVERNY.

Pas du tout, et la preuve, c'est que je vais revenir. (Saluant.) Madame... (Serrant la main de Robert.) A l'œuvre, cher ami, à l'œuvre. (A part, en sortant.) Ouf !

Il sort.

SCÈNE IV

ROBERT, JEANNE.

JEANNE.

A l'œuvre ! De quelle œuvre s'agit-il donc ?

ROBERT, embarrassé.

Mais de... d'une œuvre de bienfaisance.

JEANNE.

D'une œuvre de... (Souriant.) Ce n'est pas vrai.

ROBERT.

Mais...

JEANNE.

Si tu crois que tu sais mentir, mon pauvre Robert, tu
te trompes... tu ne sais pas, et cependant, depuis quelque temps, tu ne fais que cela.

ROBERT, jouant la surprise.

Moi?

JEANNE.

Oui, monsieur, toi.

ROBERT, vivement.

Je te jure...

JEANNE, l'interrompant.

Que tu ne me caches rien? Eh bien, je ne vous crois
pas, monsieur, et je suis sûre maintenant que vous avez
des chagrins que...

ROBERT, protestant.

Oh! des chagrins! des soucis, tout au plus.

JEANNE.

Des soucis d'argent?

ROBERT.

Oui.

JEANNE, vivement.

Nous sommes ruinés!

ROBERT.

Nous allons être riches!

JEANNE.

Comment?

ROBERT.

Tu le sauras plus tard.

JEANNE.

Bien, mais en attendant, nous sommes dans la gêne et tu n'en disais rien, et pendant ce temps-là, moi, je dépensais, je dépensais. (Changeant de ton.) C'est ta faute, et c'est très mal.

ROBERT.

Parce que?

JEANNE.

Parce que, si tu m'avais dit la vérité, je... j'aurais fait des économies, de grandes économies.

ROBERT, riant.

Sur le chauffage, le beurre et la bougie.

JEANNE.

Et aussi, sur...

SCÈNE V

LES MÊMES, GENEVIÈVE.

GENEVIÈVE.

Jeanne, votre couturier vient demander si vous vous décidez à prendre la pelisse qu'il vous a montrée hier.

JEANNE, à son mari.

Là, tu vois, une pelisse de trois mille francs.

ROBERT.

Eh bien?

JEANNE.

Eh bien, si tu m'avais dit que nous étions gênés... (Mouvement de Geneviève.) j'en aurais pris une autre qui était tout aussi jolie que celle-là et qui ne coûtait que deux mille huit cents francs, voilà !

ROBERT, malicieusement.

Mais il me semble qu'il est temps encore de...

JEANNE.

Ah! mon ami, celle-là me va si bien... et puis l'autre, de deux mille huit... Madame Chapuzet, tu sais, la grosse madame Chapuzet... eh bien, elle en a une pareille... Je ne peux pourtant pas avoir l'air de prendre modèle sur madame Chapuzet pour m'habiller... (Changeant de ton.) Cependant, si tu tiens absolument...

ROBERT.

Je tiens absolument à ce que tu sois belle...

JEANNE.

Ah! tu vois, c'est toi qui me forces à prendre celle de trois mille francs, sans cela... (Embrassant son mari.) Tiens! je t'aime!... Venez-vous, Geneviève?

Elle sort.

GENEVIÈVE.

Je vous suis! (Après un temps.) Robert!

ROBERT.

Ma sœur?

GENEVIÈVE.

Tu sais que si besoin est, tu peux disposer à ton gré de toute ma fortune.

ROBERT.

Pourquoi diable me dis-tu cela?

GENEVIÈVE.

Mais, pour rien... une idée... parce que... parce que il me semblait avoir entendu ta femme dire tout à l'heure que...

JEANNE, dans la coulisse.

Geneviève!

GENEVIÈVE.

Me voici! (A Robert.) Alors, ça m'a inquiétée et j'ai cru devoir te dire que...

ROBERT, l'embrassant.

Vous êtes deux folles! Va-t'en!

GENEVIÈVE.

Je m'en vais.

Elle sort.

ROBERT, seul.

Sa fortune!

VOIX D'HORTENSE, dans la coulisse.

Bien, bien, je m'annoncerai moi-même! baronne de Grandpré!

SCÈNE VI

ROBERT, HORTENSE.

HORTENSE, entrant et serrant la main de Robert.

Bonjour, Dumont. Comment va?

ROBERT.

Pas mal. Je ne vous demande pas de vos nouvelles, à vous, car chaque fois que l'on vous voit on vous trouve plus jeune et plus jolie.

HORTENSE.

Je n'ai que cela à faire.

ROBERT, souriant.

Et vous êtes très occupée.

HORTENSE.

Très occupée. (S'asseyant.) Votre femme est visible?... Car c'est pour elle que je suis venue, vous savez, et pas pour vous.

ROBERT.

Vrai?

HORTENSE.

Je vous le jure.

ROBERT, ramassant les papiers laissés par Faverny.

Alors, je vais prévenir madame Dumont que vous êtes là, et me retirer, car un travail important me... Vous permettez ?

HORTENSE, s'inclinant.

Avec plaisir.

ROBERT, allant vers la porte.

Merci. (A la porte.) Compliments à votre mari.

HORTENSE.

Vous êtes bien bon !

Il sort.

SCÈNE VII

HORTENSE, feuilletant un album, puis MAURICE et ANTOINE.

ANTOINE, au fond, lisant la carte de Maurice.

M. le duc Maurice d'Angerville. Entrez, monsieur, je vais vous annoncer.

Il fait entrer Maurice.

HORTENSE, à part.

Le duc ! (Se levant.) C'est inutile...

MAURICE, à part.

Hortense...

HORTENSE, continuant.

Madame sait que je suis là et vient à l'instant.

ANTOINE, saluant.

Bien, madame.

Il sort.

SCÈNE VIII

HORTENSE, MAURICE.

HORTENSE, à part, en se rasseyant.

Le duc ici !... (Haut.) Vous connaissez donc les Dumont, mon cher duc ?

MAURICE, s'asseyant.

C'est la première fois, baronne, que j'ai l'honneur de me présenter chez eux, et je n'aurais probablement jamais osé le faire sans un accident qui est arrivé hier à mademoiselle Geneviève Dumont en valsant avec moi.

HORTENSE.

Quel accident?

MAURICE.

Elle s'est évanouie.

HORTENSE.

Tiens ! Geneviève s'évanouit donc ? je ne savais pas cela.

MAURICE.

Il me semble...

HORTENSE.

Ah ! permettez, mon cher, elle est encore bien jeune pour s'évanouir en public.

MAURICE.

Je ne vous comprends pas.

HORTENSE, d'un ton indifférent.

Et où avez-vous rencontré mademoiselle Dumont pour la première fois ?

MAURICE.

Mais... dans le monde.

HORTENSE, même jeu.

Quand cela ?

MAURICE.

Il y a un mois.

HORTENSE, ironiquement.

Ah ! c'est curieux, il y a juste un mois que vous ne m'avez fait l'honneur de me rendre visite.

MAURICE, jouant la surprise.

Un mois ?

HORTENSE, appuyant.

Un mois. (Changeant de ton.) Pourquoi n'êtes-vous pas venu ?

MAURICE, embarrassé.

Mais, baronne... je...

HORTENSE, avec une impatience contenue.

Enfin, quand viendrez-vous ?

MAURICE, même jeu

Je ne sais... En ce moment, je suis...

HORTENSE.

Très amoureux de mademoiselle Geneviève, n'est-ce pas ?

MAURICE, se levant.

Qui peut vous faire supposer ?

HORTENSE.

Si vous croyez que c'est difficile à deviner...

MAURICE.

La démarche que je fais en ce moment m'est dictée par les plus élémentaires convenances et ne vous autorise en rien à préjuger des sentiments que je puis éprouver pour la personne qui en est l'objet.

HORTENSE.

Très bien, mais vous ne m'avez toujours pas dit quand vous me feriez l'honneur de me venir voir.

MAURICE.

Pardon, je vous ai répondu que je l'ignorais.

HORTENSE, brièvement.

Trêve de subterfuges, ils sont indignes de vous et de moi... C'est une rupture que vous voulez?

MAURICE.

C'est ce qu'il vous plaira.

HORTENSE.

Et c'est vous, Maurice, qui me la demandez, vous qui m'avez juré un éternel amour!

MAURICE.

Quand je vous ai juré cela, je croyais sincèrement que mon amour pour vous serait éternel, il est mort... ce n'est pas ma faute.

HORTENSE.

Et si le mien survit au vôtre? Que deviendrai-je et que me restera-t-il? Votre amitié, n'est-ce pas? (S'éloignant de Maurice.) Merci, je ne demande pas l'aumône.

MAURICE, se rapprochant d'Hortense.

Ne repoussez pas la main que je vous tends et daignez m'écouter : Les amours comme les nôtres, Hortense, sont fatalement condamnées en naissant. (Mouvement d'Hortense.) Oui, je sais, on devrait se dire cela avant de dire à une femme qu'on l'aime, mais le cœur bat plus vite que la raison ne parle, et, méprisant les conseils de l'une, on obéit aux impulsions de l'autre. Quand on a vingt ans, est-ce qu'on hésite entre l'amour et le devoir? Non, on choisit l'amour et on envoie le devoir au diable! Il en revient, hélas! un beau matin, accompagné de dame raison, et, tous deux, cruellement, froidement, vous montrent l'avenir. Alors, on s'inquiète, on a peur, on s'aperçoit que la situation qu'on s'est créée est sans issue, on pense, on calcule, on réfléchit, et, l'on se décide enfin à venir, comme je le fais en ce moment, dire à la femme que l'on a adorée : cessons de nous aimer d'amour pour nous aimer d'amitié.

HORTENSE

Et si cette femme, refusant de souscrire à ce nouveau traité, s'en tient aux clauses du premier ?

MAURICE.

Voyons, baronne, réfléchissez : notre situation, je vous le répète, est sans issue, dangereuse même, car enfin, vous êtes mariée, et...

HORTENSE.

Enfin ! voilà donc le grand mot lâché : je l'attendais. Mariée !... je suis mariée ! ! Et c'est maintenant seulement que vous vous le rappelez ? C'est maintenant seulement que vous vous souvenez de l'existence de mon mari ? Ah ! tenez, mon cher, vous me faites pitié.

MAURICE, avec impatience.

Etait-ce donc à moi à m'en souvenir le premier ?

HORTENSE.

C'est cela, insultez-moi, à présent. Ce sera complet.

MAURICE, confus.

Pardonnez-moi... et cessons cet entretien, voulez-vous ? Vous souffrez et je...

HORTENSE.

Je souffre ? moi ? (Riant nerveusement.) Ah ! ah ! ah ! ah ! duc, c'est fatuité de votre part de supposer cela. (Changeant de ton.) Si votre amour est mort, le mien est enterré, mon cher !

MAURICE.

Alors, c'est donc dans votre orgueil que vous souffrez, si ce n'est dans...

HORTENSE.

Ah ! cela... peut-être. Je ne puis, en effet, sans dépit, vous voir me préférer... Il s'agirait d'une autre femme, passe encore !... mais cette petite pensionnaire... cette petite... ah ! non, non, non.

MAURICE.

Mademoiselle Geneviève ?

HORTENSE, le regardant en face.

Jurez donc que vous ne l'aimez pas.

MAURICE.

Je ne puis pas plus vous jurer que je ne l'aime pas, que je ne pourrais vous jurer que je l'aime. J'ai pour elle la plus sincère estime et le plus profond respect, mais, de ce respect et de cette estime, à l'amour, la distance est grande et, sur mon honneur, je ne saurais vous dire quels sont les sentiments que j'éprouve pour elle, mon cœur les ignorant encore.

HORTENSE.

Qu'il les ignore toujours alors, car ce serait encore un amour... (Cherchant.) Comment dites-vous donc cela ? (Ayant trouvé.) un amour sans issue.

MAURICE, surpris.

Sans issue ?

HORTENSE, ironiquement.

Evidemment, je ne suppose pas qu'un d'Angerville puisse épouser une Dumont, cela ne se serait jamais vu dans votre famille, et, si cela arrivait, le marquis de Rouvray, votre oncle, serait bien capable d'en mourir. (D'un ton léger.) A propos, comment va-t-il, ce brave colonel ?

MAURICE.

Je connais les préjugés de mon oncle et les respecte, et jamais je ne songerai à contracter une union à laquelle il ne consentirait pas : Elevé par lui, n'ayant que

2

lui au monde pour toute famille, je donnerais mon sang plutôt que de lui causer la moindre peine, mais si mon oncle est resté fidèle à certaines idées, il est avant tout homme d'esprit et de cœur, et je gagerais que s'il voyait mademoiselle Geneviève, s'il était à même d'apprécier ses vertus, sa grâce, sa candeur, son esprit et sa beauté, il conviendrait avec moi que ce sont là fleurons d'une couronne qui vaut bien la mienne.

HORTENSE.

Et vous dites que vous n'aimez pas Geneviève ?

MAURICE.

Je dis... je dis que si vous continuez, je vais l'adorer.

HORTENSE.

Je ne vous y engage pas.

MAURICE.

Parce que ?...

HORTENSE.

Parce que... parce que.

MAURICE, souriant.

Une vengeance ?

HORTENSE.

Qui sait ?

MAURICE.

Les femmes de votre monde ne se vengent pas.

HORTENSE, d'un ton bref.

Oh ! il est des circonstances où une femme n'est plus ni femme du monde, ni même femme du peuple, mais simplement femme ! Ne l'oubliez pas, mon cher.

MAURICE.

Je souhaite que ce soit vous qui l'oubliiez, baronne. D'ailleurs, à quoi bon ces menaces, puisque je vous affirme...

HORTENSE, se calmant.

C'est juste, je suis folle !

MAURICE.

Votre main !

HORTENSE, hésitant.

Ma main ! (Changeant de ton et tendant sa main à Maurice.) Au fait, pourquoi vous refuser ce que je ne refuse à personne ? (Retirant sa main.) On vient. (A part.) Tu ne l'épouseras pas !

SCÈNE IX

LES MÊMES, JEANNE, GENEVIÈVE.

JEANNE, entrant vivement.

Excusez-moi, ma chère, j'étais avec mon couturier, et... (Apercevant Maurice.) Monsieur d'Angerville !

MAURICE, saluant Jeanne et Geneviève.

Madame... mademoiselle...

JEANNE, montrant un siège à Maurice qui s'assied.

Ah ! monsieur, si j'avais su...

HORTENSE, s'asseyant ainsi que Jeanne et Geneviève.

Vous seriez venue tout de suite ? (Riant.) C'est aimable pour moi...

JEANNE.

Ah ! vous, Hortense, vous êtes de la maison.

HORTENSE.

Juste assez pour faire antichambre quand je viens vous voir.

JEANNE.

Méchante !

MAURICE.

C'est à moi, madame, à m'excuser de me présenter ainsi chez vous, mais j'ai cru pouvoir, sans trop d'indiscrétion, venir prendre des nouvelles de mademoiselle.

JEANNE.

Oh ! cela n'a rien été, n'est-ce pas, Geneviève ?

GENEVIÈVE.

Absolument rien ; néanmoins, je suis très touchée, monsieur le duc...

HORTENSE, à Geneviève.

Est-ce la première fois que cela vous arrive ? Le duc me contait cela et j'étais d'une inquiétude...

GENEVIÈVE, à Hortense.

C'est la première fois et je ne sais vraiment ce qui... (A Maurice.) Vous avez dû me trouver bien ridicule...

MAURICE, protestant.

Mademoiselle, pouvez-vous penser ?

HORTENSE, vivement.

Au contraire, ma chère...

GENEVIÈVE, ingénument.

Comment ?

HORTENSE, riant.

Rien... je plaisante... (A Jeanne.) Venez-vous aux Français ce soir ? j'ai trois places dans ma loge.

JEANNE.

J'ignore si mon mari...

GENEVIÈVE.

Que joue-t-on ?

HORTENSE.

Une pièce assommante : *Le Misanthrope!* mais comme on n'y va pas pour la pièce...

MAURICE.

Assommant, *le Misanthrope?*

HORTENSE.

Que trouvez-vous donc d'intéressant dans cette pièce?

MAURICE, avec intention.

Mais.. d'abord... le magistral portrait que l'auteur a tracé de toutes les coquettes, dans la personne de Célimène, et, ensuite...

JEANNE.

Ensuite?

MAURICE.

Tout le reste.

GENEVIÈVE.

Vous aimez Molière, monsieur?

MAURICE.

C'est mon auteur favori, mademoiselle, à ce point que je crois pouvoir affirmer que, de tous les jeunes auteurs, c'est encore lui qui a le plus d'avenir.

HORTENSE.

Tant pis pour les abonnés du mardi, alors.

JEANNE, riant.

Décidément, vous n'aimez pas Molière. (Apercevant Robert.) Ah! mon mari!

SCÈNE X

LES ÊMES, ROBERT.

JEANNE, présentant Robert.

M. le duc d'Angerville.

2.

ROBERT.

Avec qui j'ai eu l'honneur de me trouver cette nuit chez...

GENEVIÈVE.

Et qui a eu la bonté de venir prendre de mes nouvelles.

ROBERT, serrant la main de Maurice.

C'est fort aimable à vous, monsieur, mais puisque vous connaissez le chemin de notre logis, permettez-moi d'espérer que vous ne l'oublierez pas.

MAURICE, s'inclinant.

Je vous le promets, monsieur.

HORTENSE.

Accompagnerez-vous votre femme aux Français, ce soir?

ROBERT.

Tiens, vous êtes encore là?

HORTENSE.

Dam, je ne savais pas que vous alliez revenir.

ROBERT.

Merci! (Au duc.) Ne faites pas attention : la baronne et moi, nous sommes de vieux amis et...

HORTENSE.

Vieux! Dites donc, parlez pour vous...

GENEVIÈVE.

On joue le *Misanthrope*.

ROBERT, à Hortense.

Vous pouvez compter sur nous.

HORTENSE.

Alors, à ce soir.

MAURICE, à Hortense.

Madame la baronne me permet-elle de lui offrir le bras jusqu'à sa voiture?

HORTENSE.

Avec plaisir, monsieur le duc.

MAURICE, saluant.

Mesdames... monsieur.

HORTENSE, au bras de Maurice.

A ce soir.

Maurice et Hortense sortent.

SCÈNE XI

JEANNE, GENEVIÈVE, ROBERT, puis ANTOINE.

JEANNE.

Le duc est bien cérémonieux avec Hortense, on disait pourtant...

GENEVIÈVE.

Quoi donc?

JEANNE.

Rien, rien.

ROBERT.

On en dit tant... (Regardant sa montre.) Quatre heures moins le quart; mes toutes belles, je vais vous prier de vous retirer et de me laisser la libre disposition de ce salon pendant une heure.

JEANNE.

Tu attends quelqu'un?

ROBERT.

Oui. (Appelant.) Antoine!

ANTOINE, paraissant avec deux lampes qu'il porte sur la cheminée.

Monsieur?

ROBERT.

Cette table au milieu du salon.

Antoine met la table.

GENEVIÈVE.

Qui attends-tu donc?

ROBERT.

Curieuse! (A Antoine.) Une des lampes sur la table, l'autre... l'autre est bien là...

Antoine exécute les ordres donnés.

JEANNE.

Tu vas faire une conférence?

ROBERT.

Oui. (A Antoine.) Très bien. L'encrier maintenant.

ANTOINE, apportant l'encrier.

Voilà, monsieur.

ROBERT.

Parfait. (A part, en entendant sonner.) Ce sont eux. (Haut.) Allez ouvrir, Antoine, et faites entrer. (A Jeanne et à Geneviève pendant qu'Antoine sort.) Et vous, disparaissez!

GENEVIÈVE.

Au moins, dis-nous...

ROBERT.

Plus tard, c'est une surprise.

JEANNE, à Geneviève en sortant.

Qu'est-ce que cela veut dire?

Elles sortent.

ROBERT, seul, après un temps.

Allons!

SCÈNE XII

ROBERT, FAVERNY, BADERNEAU, DON BANCO, BOOZ, MORIN.

FAVERNY, à Robert.

Permettez-moi, cher ami, de vous présenter ces messieurs: M. Baderneau, ancien capitaine; M. Booz; M. Morin; Don Banco.

ROBERT.

Messieurs...

FAVERNY, présentant Robert.

M. Robert Dumont, fils de feu Jean Dumont, l'ancien directeur de la Banque Générale. Comme j'ai eu l'honneur de vous le dire, messieurs, mon ami s'est décidé sur mes instances, à rentrer dans la finance, et cela, dans l'unique but de lancer l'affaire dont je vous ai parlé.

BADERNEAU.

Une affaire superbe, si elle donne de bons résultats.

DON BANCO, avec un accent espagnol très prononcé.

Superbe, n'importe comment, mon cher.

ROBERT.

C'est en effet, messieurs, sur les instances de M. Faverny que je me suis décidé. Je n'ai pas besoin d'ajouter, je pense, que j'emploierai tout mon zèle à mener à bien votre entreprise.

MORIN.

Très bien.

BOOZ, avec un accent juif allemand très prononcé.

Très bien.

BADERNEAU.

Superlatif, concrit. (Se reprenant.) Pardon.

FAVERNY.

Les présentations étant faites, commençons.

ROBERT, indiquant des sièges.

Si vous voulez prendre un siège, messieurs.

Robert et Faverny s'asseyent à la table, les autres de chaque côté.

FAVERNY, à Robert.

Vous avez l'acte de société?

ROBERT, se levant.

Excusez-moi, je l'ai laissé dans mon cabinet, je vais le chercher.

Il sort.

SCÈNE XIII

Les Mêmes, moins ROBERT.

FAVERNY.

En attendant le retour de M. Dumont, je vous demanderai, messieurs, vos noms, prénoms et qualités. Ces renseignements sont nécessaires pour la rédaction de nos statuts, affiches et prospectus. (Ecrivant.) M. Baderneau.

BADERNEAU, continuant.

Hector, Désiré, capitaine...

FAVERNY, écrivant toujours.

D'infanterie.

BADERNEAU.

En retraite.

FAVERNY, même jeu.

Chevalier de la légion d'honneur.

BADERNEAU.

Non, pas du tout.

FAVERNY.

Ah! bien, tant pis, c'est écrit !

BADERNEAU.

Si c'est écrit...

MORIN.

Comment se fait-il que vous ne soyez pas décoré, vous, un ancien soldat?

BADERNEAU.

Ne m'en parlez pas! Quand je vois tant d'imbéciles qui le sont, je me demande pourquoi je ne le suis pas.

FAVERNY, écrivant.

Don Banco...

DON BANCO, continuant.

Escrocas Monaco y Badajoz Avila de Guadalivira.

FAVERNY.

Grand d'Espagne?

DON BANCO.

Naturellement.

BOOZ.

Un beau pays, l'Espagne.

DON BANCO.

Oui, je l'ai entendu dire, mais je ne le connais pas, je suis né en France.

BADERNEAU.

Cependant vous avez l'accent...

DON BANCO.

Je l'ai appris.

FAVERNY, écrivant.

Morin.

MORIN.

Auguste.

FAVERNY.

C'est tout?

MORIN.

Mon Dieu, oui!

FAVERNY.

C'est bien court... Profession?

MORIN.

Sans profession.

FAVERNY.

Sans prof... (Ecrivant.) Alors, mettons avocat.

MORIN.

Je préférerais : architecte...

FAVERNY, écrivant.

Soit : Architecte... (Cessant d'écrire.) Officier d'académie?...
Non?

MORIN.

Si vous voulez.

FAVERNY, écrivant.

... cadémie... M. Booz.

BOOZ.

Isaac, Abraham, Jacob.

FAVERNY, même jeu.

Jacob. Profession?

BOOZ.

Israélite! (Se reprenant.) Heu, commerçant, petit commerçant.

FAVERNY, écrivant.

Industriel. Dumont Robert, banquier. Voilà qui est

fait, Permettez-moi maintenant de vous rappeler en deux mots, messieurs, l'historique de la découverte de nos mines d'or.

BOOZ, enthousiasmé.

Nos mines d'or!

DON BANCO

Est-ce bien utile?

BOOZ, BADERNEAU, MORIN.

Oui, oui, oui!

FAVERNY.

C'est dans le bas-Canada, au nord du lac Ontario, dans d'immenses plaines baptisées du nom de Savanes, que l'an dernier, j'ai découvert ces gisements aurifères. Le propriétaire de ces plaines, un riche industriel de Québec, m'avait emmené là pour chasser et c'est en poursuivant le lama et la vigogne que je me suis aperçu que le terrain sur lequel nous marchions était, à ne s'y pas méprendre, ce qu'on appelle un terrain d'alluvion, c'est-à-dire un terrain susceptible de recéler de l'or.

BOOZ.

Et vous marchiez dessus?

RADERNEAU.

Mais êtes-vous sûr que ce terrain en recèle vraiment?

DON BANCO.

On n'est jamais sûr de rien. Si nous étions sûrs, nous ne mettrions pas le public dans l'affaire, nous la garderions pour nous.

MORIN.

Oui; vendons d'abord nos actions, nous verrons après.

BOOZ.

Mais si la justice ?...

BADERNEAU.

Ne parlez donc pas de ça...

3

DON BANCO.

Plus tard, plus tard.

FAVERNY.

Je vous ferai remarquer, messieurs, qu'il existe des mines qui n'ont jamais été mises en exploitation et qui, cependant, par suite d'habiles transactions opérées sur les titres, rapportent de très beaux dividendes aux actionnaires.

DON BANCO.

Et aux administrateurs, cela suffit, cela suffit.

MORIN.

La clôture!

SCÈNE XIV

LES MÊMES, ROBERT.

ROBERT, à Faverny.

Voici les pièces que vous m'avez remises : la promesse de vente du terrain, l'acte de société, et...

FAVERNY.

Bien. Nous allons procéder à l'examen des statuts.

DON BANCO.

Inutile.

MORIN.

C'est toujours la même chose.

BADERNEAU.

C'est superlatif...

FAVERNY.

Cependant...

ROBERT.

Ces messieurs ont raison : nous ne sommes que cinq administrateurs, et aux termes de l'article 23 de la loi de 67, une société anonyme ne peut être constituée si le nombre des associés est inférieur à 7... il est donc préférable d'attendre que nous soyons au complet pour...

TOUS.

Oui ! oui !

FAVERNY.

Soit !

DON BANCO.

Il nous faudrait un député. Ça inspire de la confiance.

MORIN.

Croyez-vous ?

BADERNEAU.

Et un sénateur.

FAVERNY.

Ce sera facile à trouver.

MORIN.

Pas tant que cela. Ces messieurs sont déjà tous administrateurs de quelque chose.

DON BANCO.

Oui, mais comme ils ne demandent pas mieux que de cumuler...

FAVERNY.

Pas de politique, messieurs, et revenons à...

BOOZ.

Oui. Combien d'actions pour chaque administrateur ?

FAVERNY.

Cent.

DON BANCO.

Et combien sur les bénéfices ?

FAVERNY.

Dix pour cent.

BOOZ.

Seulement?

DON BANCO.

Mettons vingt.

ROBERT.

Vingt? C'est trop, messieurs! Que restera-t-il aux actionnaires?

DON BANCO, à part.

Les titres, parbleu!

BADERNEAU.

Donnons-leur 6 %.

ROBERT.

Au moins.

MORIN.

Cinq. C'est suffisant.

BOOZ.

Quatre, c'est encore plus que l'Etat ne donne.

FAVERNY, se levant.

Messieurs, nous discuterons ces questions dans notre prochaine réunion.

Tous se lèvent.

BADERNEAU.

Qui aura lieu?

FAVERNY.

Après-demain, à quatre heures, ici.

BOOZ.

Un dernier mot : Les administrateurs n'ont pas à verser d'argent?

FAVERNY, BADERNEAU, MORIN.

Non, non, jamais!

DON BANCO, qui semble chercher quelque chose sur la table.

Il ne manquerait plus que ça!

FAVERNY, à don Banco.

Vous cherchez quelque chose?

DON BANCO.

Mais... les jetons de présence.

FAVERNY.

Ce sera pour la prochaine fois.

MORIN, à Robert.

Quand pensez-vous ouvrir votre banque?...

ROBERT.

Mais...

FAVERNY, vivement.

Nous ouvrirons dans dix jours, au plus tard, et dans trois semaines nous mettrons en vente les actions des mines d'or de la Savane.

ROBERT.

A jeudi, messieurs.

AERNEAU, MORIN, DON BANCO.

A jeudi!

Ils sortent.

FAVERNY.

Je vous suis. (A Robert.) A demain, monsieur le directeur de la Banque de l'Univers.

Il sort.

ROBERT, seul.

Directeur de la Banque de l'Univers !

ACTE DEUXIÈME

Le hall de la banque de l'Univers. — La scène est séparée en deux. — A droite, succession de guichets, se perdant sur la toile de fond; deux portes praticables permettent de passer derrière ces guichets. — A gauche, le cabinet de Dumont, coffre-fort au fond, bureau, sièges divers; porte au premier plan ouvrant sur le hall, une autre porte au fond, à gauche. — L'espace compris entre le cabinet directorial et les guichets forme le hall. — L'entrée principale se trouve derrière le cabinet et est invisible pour le public. — Banquettes; affiches sur les murs; téléphone et tuyau acoustique. — Au lever du rideau, François, Bibi et Joseph, en bras de chemise, achèvent de nettoyer.

SCÈNE PREMIÈRE

FRANÇOIS, BIBI, JOSEPH.

BIBI, fumant une cigarette et époussetant.

Non, là, vrai, père François, vous croyez qu'il y a un Dieu?

FRANÇOIS, fumant sa pipe et balayant.

Certainement que je le crois.

BIBI.

Vrai?

FRANÇOIS.

Mais oui, vrai.

BIBI.

Ah! alors, adieu bitume!... j' pave en bois. J' comprends encore que les femmes gobent ça, mais nous autres hommes...

FRANÇOIS.

Ah ça! monsieur Bibi, est-ce que tu te prends pour un homme?

BIBI.

Dam, à moins qu'il y ait trois sexes. (Apercevant Ronchon.) Paix, v'là m'sieur Ronchon.

SCÈNE II

LES MÊMES, RONCHON.

RONCHON.

Qu'est-ce que vous fumez donc là, Bibi?

BIBI.

Eune sèche, m'sieu Ronchon. (Montrant un paquet de cigarettes.) En voulez-vous une?

RONCHON.

Je ne fume pas : mon médecin et mes parents me l'ont toujours défendu. (A François.) Les employés sont-ils arrivés?

FRANÇOIS.

Quelques-uns, monsieur Ronchon, mais pas tous.

RONCHON, regardant l'heure.

Et il est neuf heures deux minutes! Ces messieurs sont vraiment d'un sans-gêne... (A François.) A neuf heures cinq, vous enlèverez la feuille de présence.

FRANÇOIS.

Bien, monsieur.

RONCHON.

Et vous, comment se fait-il que vos bureaux ne soient pas encore terminés?... Ah! je vous avertis que cela ne peut pas marcher ainsi.

FRANÇOIS,

Mais nous avons fini, monsieur.

RONCHON.

Alors, allez vous habiller.

BIBI, remontant et voyant entrer les employés un à un.

V'là m'sieur Posper... et m'sieur Jules... et m'sieur Amédée... (Aux employés.) Ah! mince d'abattage!...

François, Bibi et Joseph entrent dans les bureaux par la deuxième porte de droite.

SCÈNE III

RONCHON, PROSPER, JULES, AMÉDÉE.

JULES, PROSPER, AMÉDÉE.

Bonjour, monsieur Ronchon.

RONCHON.

C'est bonsoir que vous devriez dire, car il est neuf heures cinq et vous savez parfaitement que vous devez être là à neuf heures; bientôt, vous ne viendrez plus du tout.

JULES.

Ma mère s'est trouvée indisposée et...

PROSPER, gaiement.

Moi, c'est ma sœur qui, cette nuit, m'a donné un petit neveu, alors...

RONCHON.

Très bien, mais si vous arrivez en retard chaque fois que mademoiselle votre sœur...

PROSPER, le reprenant.

Madame.

RONCHON.

Ah! elle est mariée?. . Circonstance atténuante qui cependant n'atténue pas votre retard... D'ailleurs, il me semble, monsieur Prosper, que vous m'avez déjà dit, il y a quinze jours, que madame votre sœur...

JULES, vivement.

Ce n'était pas la même, j'en ai huit sœurs.

RONCHON.

Dans la même position?

JULES.

Oh! non.

RONCHON.

Enfin, tâchez que ça ne vous arrive plus. (A Amédée.) Et vous, monsieur Amédée, quelles belles raisons allez-vous me...

AMÉDÉE.

Moi, monsieur, j'ai mangé des champignons hier et...

RONCHON, continuant.

Cela n'a pas passé!... Quand on est employé, monsieur, on ne mange pas, le soir surtout, des choses susceptibles de vous faire arriver en retard au bureau le lendemain... D'ailleurs, je n'accorde qu'une faible créance aux raisons que vous venez de me donner tous les trois et j'opinerais plutôt à croire que vous avez passé la nuit dans des endroits... intempestifs, car c'est aujourd'hui, vous en étiez prévenus, que la banque de l'Univers met en vente les actions des mines d'or de la Savane.

JULES, bas à Amédée.

Va y avoir du turbin.

3.

AMÉDÉE, même jeu.

Si encore on nous donnait une grat...

PROSPER.

Est-ce que vous avez confiance dans ces mines-là, vous, monsieur Ronchon?

RONCHON.

Monsieur, j'ai servi dans six maisons de banque, celle-ci est la septième, — et je me suis toujours gardé d'avoir ou d'exprimer une opinion sur les opérations qui s'y pratiquaient quelles qu'elles fussent. Mutisme, surdité et cécité, telle doit être la devise d'un bon employé : telle est la mienne.

AMÉDÉE.

Vous avez été dans six banques?

JULES.

Lesquelles?

RONCHON.

Elles n'existent plus : le directeur de la première a disparu, celui de la seconde s'est noyé, celui de la troisième s'est pendu, celui de la quatrième s'est brûlé la cervelle avec une arme à feu, celui de la cinquième s'est suicidé et enfin celui de la sixième...

PROSPER.

Celui de la sixième?

RONCHON.

A failli être nommé sous-préfet. Vous voyez, jeunes gens, qu'avec du travail on arrive à tout; allez donc vous mettre au vôtre, s'il vous plait.

PROSPER, JULES, AMÉDÉE.

Oui, monsieur Ronchon!

Ils passent derrière les guichets par la deuxième porte de droite.

RONCHON, frappant au deuxième guichet.

N'oubliez pas mes recommandations d'hier au sujet des bordereaux.

PROSPER, JULES, AMÉDÉE, dans la coulisse.

Non, monsieur Ronchon.

SCÈNE IV

RONCHON, ROBERT, FAVERNY, puis FRANÇOIS, BIBI et
JOSEPH, puis DEUX GARDIENS DE LA PAIX.

RONCHON, s'inclinant devant Robert.

Monsieur le directeur...

ROBERT, très affairé.

Bonjour... Tout le monde est à son poste?

RONCHON.

Tout le monde, monsieur le directeur.

ROBERT.

A dix heures, vous m'entendez, dix heures précises,
ouverture des guichets... Vous serez prêts?

RONCHON.

Nous serons prêts, monsieur le directeur.

ROBERT.

Bon.

RONCHON.

Monsieur le directeur n'a plus rien à...?

ROBERT.

Non.

RONCHON.

Bien, monsieur le directeur.

Il passe derrière les guichets par la première porte de droite,
François, Bibi et Joseph paraissent au fond, le premier en uni-
forme de garçon de recettes et les autres en costume de groom.

ROBERT, appelant.

François !{Vous allez mettre quelques encriers et porte-plume sur ces tablettes, puis, à mesure que les souscripteurs se présenteront, vous leur indiquerez les guichets où ils doivent aller. (A Bibi.) Toi, Bibi, tu te tiendras à la porte principale ,et tu ouvriras toi-même chaque fois que...

BIBI.

Oui, m'sieur.

ROBERT.

Et tu tâcheras d'être poli.

BIBI.

Oui, m'sieur.

VOIX DE RONCHON, derrière le guichet.

Qu'est-ce qui m'a pris mon grattoir?

ROBERT, rentrant dans son cabinet.

Viens-tu, Faverny?

FAVERNY, entrant dans le cabinet.

Me voici.

Robert et Faverny entrent dans le cabinet de gauche ; François et Bibi dans le hall ; Ronchon derrière le premier guichet.

FAVERNY.

Eh bien, ça marche?

ROBERT, s'asseyant à son bureau.

Si Paris donne comme la province, nous sommes bons.

FAVERNY.

Voyons le courrier.

ROBERT, dépouillant le courrier et passant chaque lettre à Faverny.

Rouen : 74 actions, Bordeaux : 49, Lyon : 82, Suresnes : 3, Amiens : 29, Versailles : 1.

RONCHON, *derrière le guichet.*

Voyons, monsieur Prosper, vous n'êtes pas ici pour lire votre journal.

BIBI, à François.

Quel crampon !

ROBERT.

Soit 300 actions, à peu près, demandées par le courrier de ce matin, ce qui nous donne avec les 1100 actions souscrites précédemment...

FAVERNY.

Un total de 1100 actions pour la province... c'est un résultat. Ah ! j'oubliais : Duvauchel se charge de nous en placer 500, à la condition que nous lui placerons la même quantité de ses charbonnages qu'il mettra en vente dans quinze jours.

ROBERT.

Je n'ai pas confiance dans ces charbonnages-là, moi.

FAVERNY.

Ce n'est pas une raison ; il n'a pas confiance non plus dans nos mines et il en prend tout de même.

ROBERT.

Pour ses clients ?

FAVERNY.

Pas pour lui, bien sûr.

ROBERT, ouvrant une lettre.

Enfin, c'est à voir. (Changeant de ton.) Ah ! par exemple, voilà un souscripteur sur lequel je ne comptais guère.

FAVERNY.

Lequel ?

ROBERT.

D'Angerville qui me prie de l'inscrire pour dix actions.

FAVERNY.

Au fait, on le voit bien souvent chez toi, M. d'Angerville, depuis quelque temps.

ROBERT.

Pas plus souvent que nos autres amis : il vient les jours de réception, voilà tout.

Il va vers le coffre-fort et cherche à l'ouvrir.

FAVERNY.

Tiens! il m'avait semblé...

RONCHON, derrière le guichet.

François, passez-moi le Bottin.

FRANÇOIS.

Bien, monsieur.

BIBI, prenant le Bottin sur une des tablettes.

Le voilà.

RONCHON, ouvrant le guichet et prenant le livre.

Merci.

ROBERT, avec une exclamation.

Ah!

FAVERNY, assis sur le devant de la scène.

Quoi donc?

ROBERT.

On a essayé de fracturer ce coffre-fort!

FAVERNY, impassible, et montrant la porte du fond.

Et fracturé la porte qui est là-bas, regarde.

ROBERT, allant à la porte du fond.

C'est vrai. Alors tu sais qui est le coupable.

FAVERNY, toujours impassible.

Oui, c'est moi.

ROBERT.

Toi? Dans quel but?

FAVERNY.

J'ai fait cela hier soir après ton départ.

ROBERT.

Mais dans quel but, encore une fois?

FAVERNY.

Dans le but de faire insérer dans tous les journaux une réclame magnifique qui aura ce double avantage de ne rien nous coûter et de n'avoir justement pas l'air d'être une réclame.

ROBERT.

Je ne comprends pas.

FAVERNY.

C'est pourtant bien simple : tu vas écrire au commissaire de police pour le prier de venir constater une tentative d'effraction faite dans tes bureaux cette nuit...

RONCHON, passant le Bottin par le guichet.

François, remettez le Bottin en place.

François remet le Bottin sur la tablette.

FAVERNY.

Il viendra, constatera et demain paraîtra dans toutes les feuilles publiques une note ainsi conçue : « Dans la nuit d'avant-hier d'audacieux malfaiteurs se sont introduits dans les bureaux de la banque de l'Univers et ont essayé, mais en vain, de fracturer le coffre-fort qui se trouve dans le cabinet directorial et dans lequel était enfermé pour près d'un million de valeurs dont l'administration s'est empressée d'opérer, dès le lendemain, le dépôt dans différentes banques. La police est sur la trace des coupables. » Et voilà : si cela ne fait pas de bien, cela ne peut pas faire de mal.

ROBERT.

C'est là un procédé...

FAVERNY.

Américain, mon cher.

ROBERT.

Mais si l'on ouvre une enquête on découvrira facilement que nous n'avons déposé aucune valeur dans aucune
banque.

FAVERNY, souriant.

Pas si c'est moi qui suis chargé de l'enquête. Allons,
écris.

> Robert s'assied à son bureau et écrit. Deux gardiens de la paix
> paraissent au fond et causent avec François.

BIBI, frappant au guichet de Ronchon.

M'sieur Ronchon! m'sieur Ronchon! v'là deux sergots!

RONCHON, passant sa tête hors du guichet.

Déjà!

ROBERT, pliant sa lettre.

C'est fait. (Ouvrant la porte donnant sur le hall.) Monsieur
Ronchon!

RONCHON, sortant de son bureau.

Voilà, monsieur le directeur.

> Il entre dans le cabinet de Robert.

ROBERT, lui donnant la lettre.

Cette lettre au commissariat de police, tout de suite.
(Lui donnant le courrier.) Les souscriptions de province!
allez! (Voyant qu'il ne bouge pas.) Eh bien, qu'attendez-vous?

RONCHON.

Je voulais prévenir monsieur le directeur qu'il y avait
là deux gardiens de la paix...

FAVERNY, un peu effrayé.

Des agents ici?

ROBERT, à Faverny.

C'est moi qui les ai demandés pour maintenir l'ordre
pendant la souscription. (A Ronchon.) Faites-les entrer.

> Ronchon sort du cabinet.

RONCHON, aux agents.

Entrez, messieurs. (Les agents entrent dans le cabinet et Robert leur explique avec des gestes ce qu'ils auront à faire.) Bibi, porte cette lettre chez le commissaire de police et dépêche-toi... (Lui tirant les oreilles.) Mais dépêche-toi donc.

BIBI, se rebiffant.

Ah! dites donc, vous savez, vous, si vous me touchez, j'écrirai à Rochefort que vous battez les enfants du peuple.

RONCHON.

Ah! tu écriras...

JOSEPH, à l'oreille de Bibi.

Tape donc dessus, — c'est pas ton père.

RONCHON, donnant un coup de pied à Bibi.

Eh bien! écris-lui encore ça à Rochefort.

Il rentre dans son bureau.

BIBI, pleurant.

J' vas l' dire à maman, na. (Après un temps, et se tournant vers le guichet de Ronchon.) Va donc, hé! gommeux.

Il sort en geignant.

ROBERT, aux agents.

C'est bien compris, n'est-ce pas?

Les agents s'inclinent.

FAVERNY.

Ayez l'œil ouvert sur les gens qui se présenteront, car, dans ces occasions, il arrive souvent que des escrocs se glissent dans la foule...

ROBERT, continuant.

Et explorent les poches des souscripteurs...

FAVERNY, à part.

Avant qu'ils aient souscrit.

FRANÇOIS, à la porte du cabinet.

Monsieur, il est dix heures, faut-il laisser entrer le public?

ROBERT.

Oui, ouvrez les portes.

FAVERNY.

Y a-t-il beaucoup de monde?

FRANÇOIS.

Au moins cinq cents personnes.

FAVERNY.

Ouvrez, alors, ouvrez. (Il fait sortir les agents du cabinet et va au guichet de Ronchon.) Attention, monsieur Ronchon, nous commençons.

François disparaît un instant et revient précédant les souscripteurs que les agents font ranger devant les guichets.

RONCHON, ouvrant son guichet.

Nous sommes prêts, monsieur. (Aux employés qui sont dans l'intérieur.) A vos postes, messieurs.

Les souscripteurs s'arrêtent, défilent au second guichet, puis au premier et se retirent un par un. Les agents maintiennent l'ordre et François a l'air de donner des renseignements aux nouveaux arrivants. Faverny va et vient dans le hall. Prosper au deuxième guichet, et Ronchon au premier, répondent aux souscripteurs. Robert assis à son bureau écrit.

SCÈNE V

LES MÊMES, MATHURIN, LES SOUSCRIPTEURS.

FRANÇOIS, à Mathurin.

Vous désirez, monsieur?

MATHURIN, accent paysan.

Je désire acheter quelques obligations de votre... ma-

chine... quatre, cinq ou dix, je suis pas fixé; mais avant,
je voudrais voir un peu le physique du patron de votre...
usine, à seule fin de savoir à qui que j'ons affaire et ça
que j'ons à faire.

FRANÇOIS.

Je ne sais pas s'il est visible.

Il parle bas à Mathurin.

RONCHON, à un souscripteur.

Votre prénom?

FAVERNY, entrant dans le cabinet de Robert par la porte du fond.

Il y a là un paysan qui veut te parler. (Lui mettant une
décoration dans la main.) Tiens, mets ça à ta boutonnière.

ROBERT, surpris.

Une décoration?

FAVERNY, vivement.

Etrangère, ce n'est pas compromettant et ça fait bien.

Il rentre dans le hall pendant que Robert met la décoration.

FRANÇOIS, à Mathurin.

Je vais voir.

RONCHON, à un souscripteur.

Avez-vous dix centimes?

FRANÇOIS, ouvrant la porte du cabinet de Robert.

Monsieur, il y a là un paysan...

ROBERT.

Faites entrer.

FRANÇOIS, à Mathurin.

Par ici, monsieur.

Mathurin entre dans le cabinet.

ROBERT, à Mathurin.

Si vous voulez vous asseoir, monsieur.

MATHURIN, s'asseyant.

Mon Dieu, monsieur, je m'appelle Mathurin Chignolles, éleveû de bêtes à cornes, pour vous servir. (A part.) Tiens, il est décoré. (Haut.) Quoique les affaires ne marchent que couci couça, j'ons tout de même arrivé à faire quelques économies et si je pouvions les mettre dans une bonne affaire pas trop mauvaise...

ROBERT.

Je crois que les mines d'or de la Savane...

UNE VOIX, dans la foule.

Poussez pas!

MATHURIN.

Ecoutez, j'sons un honnête homme et faudrait pas me fourrer dedans parce que...

ROBERT.

Je vous assure, monsieur...

MATHURIN.

Ah! c'est que tous les trucs de la terre, je les connais. Tenez! n'y en a pas deusse comme moi à la Villette pour vendre une bête prête à crever sans que les inspecteurs y voyent goutte; — c'est à peine si ceux-là qu'en mangent un morceau s'en aperçoivent. C'est que faut du truc dans notre métier quand on veut le faire honnêtement. — Voyons, combien vos obligations?

ROBERT.

Vous voulez dire : actions; — sept cents francs.

PREMIER GARDIEN DE LA PAIX.

Circulons, s'il vous plait.

MATHURIN.

Mais... il y a cinq cents francs... sur vos programmes.

ROBERT.

Et deux cents de majoration... cela fait sept.

RONCHON, à un souscripteur.

Rue ou boulevard?

MATHURIN.

C'est tout au juste?

ROBERT.

Absolument.

MATHURIN, allant à la porte.

Enfin, j'vons en prendre quatre. (S'arrêtant et touchant la décoration de Robert.) Dites donc, c'est la... d'honneur que vous avez là?

ROBERT, embarrassé.

Non, c'est... c'est l'autre.

MATHURIN, ouvrant la porte.

Ah! c'est...

UNE VOIX, dans la foule.

Poussez pas.

MATHURIN, rentrant dans le hall.

J'vons en prendre quatre!

Il s'appuie le long du mur du cabinet et compte son argent.

ROBERT, allant au téléphone qu'on entend sonner.

Allo! (Il écoute un instant.) Vingt-deux actions? bien. (Écoutant encore.) Ça ne fait rien, le garçon passera toucher demain.

PROSPER, à un souscripteur.

Attendez, je ne peux pas répondre à tout le monde à la fois...

Robert souffle dans le tuyau acoustique, un premier coup de sifflet retentit dans le bureau de Ronchon, puis un second dans le cabinet de Robert.

ROBERT, parlant dans le tuyau.

Inscrire Bernard, coulissier, pour vingt-deux actions, réglera demain avant midi.

SCÈNE VI

LES MÊMES, BIBI, LE COMMISSAIRE DE POLICE et SON
SECRÉTAIRE, puis ZOÉ, dans la foule.

BIBI, au fond.

V'là l' commissaire de police.

Mouvement des souscripteurs qui se tournent tous du côté du
commissaire. — Mathurin remet son argent dans sa poche. —
Bibi disparaît.

FRANÇOIS, ouvrant la porte du cabinet de Robert.

Le commissaire, monsieur!

ROBERT, ôtant vivement sa décoration.

Faites-le entrer.

Le commissaire et son secrétaire entrent dans le cabinet.

RONCHON, à un souscripteur.

Dépêchons, monsieur, dépêchons!

ROBERT, au commissaire.

Je vous remercie, monsieur, d'avoir bi... voulu...

LE COMMISSAIRE, l'interrompant.

Où est le coffre en question?

ROBERT, montrant le coffre.

Le voici.

LE COMMISSAIRE, examinant le coffre.

Ah! ah! très bien, parfait, parfait, parfait : crochetage,
trois pesées dans le bas... Voilà évidemment un coffre
qui a eu affaire à des voleurs de profession. (A son secrétaire.) Ecrivez, n'est-ce pas?

Le secrétaire écrit.

ROBERT, montrant la porte du fond.

Cette porte a été également fracturée.

LE COMMISSAIRE, examinant la porte.

Ah! ah! très bien, parfait, parfait, parfait : ceci prouve que c'est par cette porte qu'ils sont entrés dans votre cabinet. (A son secrétaire.) Crivez, n'est-ce pas? (A Robert.) Et rien à la porte principale?

ROBERT.

Non, rien.

LE COMMISSAIRE.

Vous êtes sûr de votre personnel?

ROBERT.

Absolument.

LE COMMISSAIRE.

Ah! ah! très bien, parfait, parfait, parfait : nos gaillards se sont introduits et cachés dans vos bureaux hier dans la journée, ont travaillé cette nuit dans votre cabinet et se sont échappés ce matin quand les garçons ont ouvert les portes. (A son secrétaire.) Crivez, n'est-ce pas?

RONCHON, à un souscripteur.

Est-ce deux ou trois?... Décidez-vous.

ROBERT.

J'admire, monsieur, votre perspicacité.

LE COMMISSAIRE, rentrant dans le hall suivi de son secrétaire et de Robert.

L'habitude! (Changeant de ton.) Ah! combien y avait-il dans le coffre au moment de la tentative de vol?

ROBERT.

Mais, près d'un million de valeurs.

MATHURIN, à part.

Un million!

LE COMMISSAIRE.

Ah! ah! très bien, parfait, parfait, parfait. (A son secré-
aire.) Crivez, n'est-ce pas? (Apercevant Faverny qui s'est appro-
ché.) Tiens! que faites-vous donc là?...

FAVERNY, à mi-voix.

En surveillance.

LE COMMISSAIRE.

Eh! mais voilà une magnifique affaire pour vous.

MATHURIN, à part.

Il a dit: magnifique affaire.

LE COMMISSAIRE, à mi-voix à Faverny, en montrant Robert.

Monsieur a été victime cette nuit d'une tentative de...
(Changeant de ton.) Si vous voulez passer à mon bureau ce
soir, je vous donnerai les détails.

FAVERNY.

Convenu.

LE COMMISSAIRE, à Robert.

Monsieur, j'ai bien l'honneur de vous saluer. (A son secrétaire.) Crivez, n'est-ce pas?

Il sort avec son secrétaire.

MATHURIN, à part.

Il a dit une magnifique affaire et il l'a salué... je prends
dix actions.

Il va au guichet.

VOIX DIVERSES.

A la queue! à la queue!

DEUXIÈME GARDIEN DE LA PAIX.

Silence, messieurs!

MATHURIN, au guichet.

Chignolles Mathurin.

FAVERNY, bas, à Robert.

Eh bien! le tour est joué.

MATHURIN, toujours au guichet.

Dix, j'en prends dix. Qu'est-ce que c'est que ça? — Ah !
c'est mon papieau, — bien! — Donnez ! — Merci. (A Robert.) Monsieur, à la revoyure...

Il sort.

SCÈNE VII

LES MÊMES, moins LE COMMISSAIRE, LE SECRÉTAIRE et
MATHURIN.

ZOÉ, sortant de la foule et venant vers Robert.

Mais je ne me trompe pas, c'est toi, mon petit Dumont.

ROBERT, surpris.

Zoé !

FAVERNY, bas, à Robert.

Quelle est cette dame?

ROBERT, même jeu.

Une ancienne.

Faverny s'éloigne un peu.

ZOÉ.

Ah ! c'est épatant comme on se retrouve !

ROBERT.

Chut ! plus bas, tu vas me compromettre.

ZOÉ, baissant la voix.

Tu es donc quelque chose ici?

ROBERT, même jeu.

Directeur... Et toi, voyons, qu'es-tu devenue?

ZOÉ, avec un soupir.

Mariée, mon cher.

4

ROBERT, riant.

Mariée ! et avec qui, mon Dieu?

ZOÉ.

Avec un professeur de philosophie.

ROBERT.

Ah!... alors...

ZOÉ.

Dis, donc : c'est bon tes mines d'or? Maintenant que je sais que tu es dans l'affaire, je n'y ai plus confiance.

ROBERT.

Il me semble cependant que lorsque j'avais l'honneur d'être ton... propriétaire, je payais assez exactement ton terme et... le reste.

UNE VOIX, dans la foule.

Poussez donc pas.

ZOÉ.

Eh bien, fais-moi inscrire pour cinq actions, je viendra régler demain.

ROBERT.

Entendu... Alors ton mari est riche ?

ZOÉ.

Six mille francs d'appointements et rien de plus. Ah ! je t'assure que pour arriver à caser comme je le fais, une dizaine de mille francs tous les ans, il ne faut pas que je m'endorme.

ROBERT, souriant.

En effet...

SCÈNE VIII

Les Mêmes, DE FLAGEOLLE, DE SAINT-FLASQUE.

SAINT-FLASQUE, à François en montrant Flageolle.

Voulez-vous annoncer à M. Dumont le vicomte de Flageolle et (Se montrant.) le baron de Saint-Flasque.

FRANÇOIS, montrant Robert.

M. Dumont est devant vous, messieurs.

ZOÉ, se retournant.

Tiens! Saint-Flasque et Flageolle.

SAINT-FLASQUE et FLAGEOLLE.

Zozo!

ROBERT, serrant la main des nouveaux venus.

Bonjour, baron ; bonjour, vicomte. (A Zoé.) Vous connaissez donc ces messieurs?

ZOÉ.

Parbleu! des anciens élèves de mon mari.

ROBERT, à Saint-Flasque et Flageolle.

Vous venez souscrire?

FLAGEOLLE.

Ah! non.

SAINT-FLASQUE.

Au contraire.

ZOÉ.

Adieu, Dumont. (A Flageolle.) Quand vous verra-t-on?

FLAGEOLLE.

Mais... ce soir, si vous voulez.

ZOÉ.

Ce soir? (A Saint-Flasque.) Alors, venez demain, vous.

SAINT-FLASQUE.

Entendu.

ZOÉ, à Robert.

Au revoir...

ROBERT.

Au revoir.

Zoé sort.

SCÈNE IX

LES MÊMES, moins ZOÉ.

SAINT-FLASQUE.

Quelle femme, cette Zoé !

FLAGEOLLE.

Quelle femme !

ROBERT, souriant.

A qui le dites-vous ?... (Changeant de ton.) Mais si vous voulez bien m'apprendre l'objet de...

SAINT FLASQUE.

Notre visite ? — Voici : Flageolle et moi nous venons vous demander si vous prêtez sur titres.

ROBERT.

Sur quels titres?

FLAGEOLLE.

Sur titres... nobiliaires : Saint-Flasque est baron, et moi vicomte, et alors nous avons pensé...

ROBERT.

C'est tout ce que vous avez en portefeuille ?

SAINT-FLASQUE.

J'ai encore deux tantes très âgées.

FLAGEOLLE, vivement.

Moi, j'en ai trois, très âgées aussi.

SAINT-FLASQUE.

Et malades !

FLAGEOLLE.

Malades !!

ROBERT, souriant.

Incurables, enfin ?

FLAGEOLLE.

Je l'espère.

SAINT-FLASQUE.

Nous l'espérons.

RONCHON, à un souscripteur.

Rendez-moi trois sous.

ROBERT.

Eh bien ! revenez dans deux ou trois jours, je verrai si je puis vous être utile.

SCÈNE X

LES MÊMES, JEANNE, GENEVIÈVE.

JEANNE, entrant dans le cabinet de Robert par la porte du fond.

Bien, nous allons l'attendre.

Elle s'assied dans le cabinet avec Geneviève.

4.

FLAGEOLLE, serrant la main de Robert

Ah! cher, vous êtes le plus bécarre de tous les bécarres.

SAINT-FLASQUE, même jeu.

On dirait Duval.

Ils sortent

SCÈNE XI

LES MÊMES, moins SAINT-FLASQUE et FLAGEOLLE.

FRANÇOIS, à Robert.

Monsieur, madame est dans votre cabinet.

ROBERT.

Bien.

FAVERNY, à Robert qui se dirige vers son cabinet.

Qu'est-ce que c'est que ces deux jeunes gens?

ROBERT.

Le baron de Saint-Flasque et le vicomte de Flageolle, deux de nos plus élégants faucheux.

FAVERNY.

Qu'est-ce qu'ils font?

ROBERT, tenant le bouton de la porte.

Des dettes.

FAVERNY.

Alors ils n'ont pas souscrit?

ROBERT, riant et ouvrant la porte.

Pas précisément.

Il entre dans le cabinet.

JEANNE, se levant.

Eh bien, es-tu content?

GENEVIÈVE.

Y a-t-il beaucoup de souscripteurs ?

ROBERT.

Tellement que nous ne savons où donner de la tête.

JEANNE.

Alors, tu me donneras ce que tu m'as promis ?

GENEVIÈVE.

Quoi donc ?

JEANNE, à Geneviève.

Des scarabées, en diamant, deux amours, ma chère, et pour rien : douze mille francs. Robert m'a promis de me les donner si la souscription marchait bien. N'est-ce pas Robert ?

ROBERT.

Tu les auras.

JEANNE.

Quand ?

PLUSIEURS VOIX, dans la foule.

A la queue !

JEANNE.

Oh ! tout de suite, dis, je voudrais les mettre demain pour aller chez madame Chapuzet : elle en sera malade de rage.

GENEVIÈVE.

Oh ! Jeanne, vous n'êtes pas charitable.

ROBERT.

Eh bien, oui, va dire qu'on te les apporte ce soir.

JEANNE, joyeusement.

Vrai ! tu veux bien ? — Oh ! merci — Venez vite, Geneviève, vite ! Nous revenons tout de suite, j'ai donné rendez-vous à Hortense ici ; elle dine à la maison.

ROBERT.

Bien.

JEANNE, sortant par la porte du fond avec Geneviève.

A tout à l'heure.

SCÈNE XII

LES MÊMES, moins GENEVIÈVE et JEANNE ; MADAME DE
MONTDORÉ, MADAME DE NANCY, MADAME DE SO-
LANGES.

ROBERT, à la porte du fond du cabinet.

A tout à l'heure.

RONCHON, à une dame.

Dame ou demoiselle? (Après un temps.) Bien.

Mesdames de Montdoré, de Nancy et de Solanges paraissent au fond.

MADAME DE MONTDORÉ, à François.

Monsieur Dumont est-il visible?

FRANÇOIS.

Mais...

MADAME DE MONTDORÉ.

Dites-lui que madame de Montdoré désirerait lui parler un instant.

FRANÇOIS.

Si vous voulez me suivre, mesdames. (Ouvrant la porte
du cabinet et annonçant.) Madame de Montdoré.

Mesdames de Montdoré, de Nancy et de Solanges entrent dans le cabinet.

ROBERT, à madame de Montdoré.

Hé! bonjour, marquise!

MADAME DE MONTDORÉ, présentant ses compagnes.

Madame la comtesse de Nancy, madame la vicomtesse
de Solanges. (Présentant Robert.) Monsieur Robert Dumont.

ROBERT, offrant des sièges.

Si vous voulez vous asseoir, mesdames. (Les trois femmes s'asseyent; à madame de Montdoré.) Le marquis va bien?

MADAME DE MONTDORÉ.

Parfaitement. (Changeant de ton.) Dites-moi, mon cher Dumont, que pensez-vous de l'Extérieure?

ROBERT, ahuri.

Quel extérieur?

MADAME DE SOLANGES.

L'Extérieure espagnole.

MADAME DE NANCY.

Madame de Montdoré soutient que le vent est à la hausse et nous conseille de faire trois mille piastres à terme.

MADAME DE SOLANGES.

Moi, je préférerais opérer sur la Pontificale.

MADAME DE MONTDORÉ, avec impatience.

Ah! laissez-moi donc avec votre Pontificale! C'est encore l'abbé Mignotet qui vous a mis cela dans la tête!

MADAME DE NANCY.

Ses renseignements ne sont pas à dédaigner, ma chère, il les prend à l'archevêché.

RONCHON, à un client.

La sortie, à droite, en remontant.

MADAME DE MONTDORÉ.

Que dites-vous, Dumont?

ROBERT.

Je dis... que je suis au comble de l'étonnement. Comment, marquise, vous jouez à la Bourse, vous?

MADAME DE MONTDORÉ.

Mais oui, moi et ces dames, et toutes nos amies. D'abord c'est amusant et puis vous ne supposez pas que c'est avec les trois ou quatre mille francs que l'on nous donne à chacune par mois pour notre toilette que nous pourrions nous habiller ?

MADAME DE NANCY, riant.

Nous serions jolies !

MADAME DE SOLANGES, même jeu.

Oh ! ma chère !

MADAME DE MONTDORÉ.

Revenons à l'Extérieure. Qu'en pensez-vous ?

ROBERT.

Si vous voulez bien revenir demain, je me renseignerai d'ici là et...

MADAME DE MONTDORÉ, se levant, ainsi que les deux autres femmes.

Nous reviendrons.

ROBERT.

Un mot : chez quel banquier opériez-vous avant de venir ici ?

MADAME DE MONTDORÉ.

Chez Bareau.

MADAME DE NANCY.

Ah ! chez... qui a disparu il y a un mois.

MADAME DE MONTDORÉ.

En nous emportant à chacune une dizaine de mille francs. (A madame de Solanges.) C'est encore l'abbé Mignotet qui vous l'avait recommandé celui-là.

MADAME DE SOLANGES

Ce pauvre abbé ne pouvait pas se douter que... c'était un de ses anciens élèves.

MADAME DE MONTDORÉ.

Je ne lui en fais pas mon compliment. (A Robert.) Nous viendrons demain prendre votre avis.

ROBERT.

C'est entendu : mais je puis vous conseiller dès aujour-
d'hui de faire plutôt des opérations à prime qu'à terme,
les risques sont moins grands.

MADAME DE MONTDORÉ.

Oui, mais les émotions aussi sont moins grandes et ce
que nous recherchons surtout, ce sont les émotions.

ROBERT, s'inclinant.

A votre service.

MADAME DE MONTDORÉ, sortant par le fond, suivie de ses compagnes.

Bonjour à madame.

ROBERT, sur le seuil du cabinet.

Merci pour elle.

Les trois femmes disparaissent.

SCÈNE XIII

LES MÊMES, moins MESDAMES DE MONTDORÉ, DE NANCY
et DE SOLANGES ; MONSIEUR et MADAME MOUTONNET.

MOUTONNET, à Faverny.

Monsieur le directeur, s'il vous plaît?

FAVERNY.

Votre nom ?

MOUTONNET.

Moutonnet. (Montrant sa femme.) Et madame Moutonnet.

FAVERNY.

Vous venez pour la souscription ?

MOUTONNET.

Oui, mais ma femme et moi, nous désirerions, avant

de souscrire, avoir quelques renseignements... N'est-ce pas, Angélique ?

MADAME MOUTONNET.

Oui, mon ami.

FAVERNY.

Je puis vous fournir tous les renseignements que vous désirez.

MADAME MOUTONNET.

Mais, ne pourrions-nous pas voir M. le directeur ?

FAVERNY.

C'est impossible : il est très occupé en ce moment.

MOUTONNET.

C'est que, voyez-vous, monsieur, nous sommes vieux, et... et nous ne sommes pas riches, et, autant que possible, je ne voudrais pas mettre notre pauvre argent dans des valeurs qui ne seraient pas... C'est si dur à gagner l'argent. Et puis je peux mourir avant madame Moutonnet....

MADAME MOUTONNET, le poussant.

Dis donc pas ça, t'es bête.

MOUTONNET, sans l'entendre.

Et voyez-vous, ça me crèverait le cœur de m'en aller en pensant que je la laisse dans la misère.

FAVERNY.

En ce cas, prenez des mines d'or de la Savane, c'est le meilleur placement que vous puissiez faire. (Changeant de ton.) De quelle somme disposez-vous ?

MOUTONNET.

Mais de...

MADAME MOUTONNET, vivement.

De sept mille francs environ, monsieur. (Bas, à son mari.) Gardons au moins deux mille francs.

MOUTONNET, même jeu.

Comme tu voudras.

FAVERNY.

Eh! bien, avec cette somme, vous pouvez souscrire à dix actions.

MOUTONNET.

Qui rapporteront annuellement ?

FAVERNY.

Au moins cinquante francs chacune la première année, et peut-être le double la seconde.

MOUTONNET.

Oh ! nous n'en demandons pas tant : trois cents francs de rentes que nous avons déjà et ces cinq cents francs-là, ça nous fera huit cents francs ; — ce n'est pas la fortune, non, mais c'est l'aisance et si je meurs avant Angélique...

MADAME MOUTONNET.

Mais tais-toi donc.

FAVERNY.

Le premier guichet à gauche.

Il remonte.

MONSIEUR et MADAME MOUTONNET, allant au guichet.

Merci, monsieur.

VOIX, dans la foule.

A la queue !

FRANÇOIS.

Silence!

SCÈNE XIV

LES MÊMES, DON BANCO.

DON BANCO, entrant dans le cabinet par la porte du fond.

Bonjour, mon cher Dumont.

ROBERT, se retournant.

Don Banco!... Comment va?... Vous venez prendre des nouvelles de la souscription?

DON BANCO.

Oui, oui, et puis vous demander quand aura lieu notre prochaine réunion?

ROBERT.

Demain à deux heures.

DON BANCO.

Très bien, — en attendant vous ne pourriez pas me prêter cinq louis?

ROBERT, ouvrant son tiroir.

Volontiers.

MOUTONNET, revenant vers Faverny.

Monsieur, quand touchera-t-on le premier dividende?

FAVERNY.

Dans trois mois.

MOUTONNET.

Merci, monsieur. (A madame Moutonnet.) Dans trois mois. Je ne sais pas, mais je crois que nous avons eu une bonne idée de venir ici.

MADAME MOUTONNET.

Donne-moi le papier, tu pourrais le perdre.

MONSIEUR MOUTONNET, lui donnant un papier.

Tu me prends donc pour un enfant ?

MADAME MOUTONNET, mettant le papier dans son sac.

J'aime mieux l'avoir dans mon sac. Là, — maintenant, partons.

MOUTONNET, en passant près de Faverny.

Monsieur, en vous remerciant de toutes vos bontés.

FAVERNY.

Il n'y a pas de quoi, monsieur.

MOUTONNET, à sa femme.

Par ici, Angélique, par ici !

Moutonnet et sa femme sortent.

ROBERT.

Si vous voulez davantage ?

DON BANCO.

Je n'ai rien à vous refuser.

SCÈNE XV

LES MÊMES, moins MONSIEUR et MADAME MOUTONNET;
BOOZ, BADERNEAU, MORIN.

BADERNEAU, entrant dans le hall suivi de Booz et Morin.

Eh bien, cette conscription... (Se reprenant.) Cette sous-cription, ça marche ?

FAVERNY, vivement.

Chut ! Ne parlez donc pas si haut devant le public.

BOOZ, à mi-voix.

Ça va-t-il bien ?

FAVERNY.

Merveilleusement.

MORIN.

Dumont n'est pas là?

FAVERNY, ouvrant la porte du cabinet.

Si, si. (Appelant.) Robert! on te demande.

ROBERT, entrant dans le hall, suivi de don Banco.

Messieurs, je vous salue.

BOOZ.

Combien y a-t-il d'actions souscrites?

FAVERNY.

Nous allons le savoir. (Appelant.) Monsieur Ronchon! s'il vous plaît.

RONCHON, passant sa tête hors du guichet.

Monsieur?

ROBERT.

Venez un instant.

RONCHON, sortant de son bureau.

Ces messieurs désirent?

FAVERNY, à mi-voix.

Quel est le total des souscriptions?

RONCHON.

Mais...

ROBERT.

A peu près.

RONCHON.

De quatre mille à quatre mille cinq cents.

BADERNEAU.

Sur dix mille.

MORIN.

C'est peu.

FAVERNY.

C'est énorme!

DON BANCO.

Merveilleux !

FAVERNY, à Ronchon.

Fermez les guichets : la souscription est close.

ROBERT, BOOZ, BADERNEAU, MORIN.

Hein ?

FAVERNY, vivement.

Silence ! (A Ronchon.) Faites ce que je vous dis.

RONCHON, rentrant dans son bureau et parlant au public par son guichet.

Messieurs, la souscription est close.

Il ferme son guichet. Murmure général. Les souscripteurs s'éloignent en murmurant.

BADERNEAU, à Faverny.

Mais on vient de vous dire qu'il n'y avait que quatre mille cinq cents actions de...

MORIN.

Et vous renvoyez les souscripteurs ?

FAVERNY.

Qui demain et les jours suivants les paieront cent ou deux cents francs de plus à la Bourse.

DON BANCO.

Superbe !

BOOZ, enthousiasmé.

Très bien ! (A Faverny.) Est-ce que vous êtes israélite ?

FRANÇOIS, à Robert.

Un monsieur demande à vous parler. Il n'a pas dit son nom.

ROBERT.

Faites-le venir.

François sort.

BADERNEAU.

Nous vous laissons.

ROBERT.

A demain, messieurs ; conseil à deux heures.

BOOZ, BADERNEAU, DON BANCO, MORIN.

A demain.

Ils sortent par le fond.

SCÈNE XVI

ROBERT, FAVERNY, puis DURET.

FAVERNY.

Est-ce que tu n'approuves pas ce que je viens de faire?

ROBERT.

Dam, nous verrons le résultat.

FAVERNY.

J'en réponds d'avance.

DURET, à la cantonade.

Merci bien. (A Faverny.) Est-ce à M. Dumont que j'ai l'honneur...

FAVERNY, montrant Robert.

Le voici, monsieur.

DURET.

Voudriez-vous, monsieur, me montrer le coffre-fort que l'on a essayé de fracturer cette nuit : je me trouvais chez le commissaire de police, lorsque...

ROBERT, à part.

Chez le commissaire... (Haut et ouvrant la porte du cabinet.) Par ici, monsieur!

DURET, entrant dans le cabinet et examinant le coffre.

C'est bien cela, c'est parfaitement cela.

FAVERNY, bas à Robert, qui est resté sur le seuil.

Qu'est-ce que c'est que celui-là?

ROBERT, même jeu.

Je n'en sais rien.

DURET, à Robert, en s'asseyant à son bureau.

Vous permettez?

Il écrit.

FAVERNY, à part, après un temps.

Serait-ce un confrère?

DURET, se levant et rentrant dans le hall.

Là, c'est fait : c'est une petite note que j'enverrai aux journaux lorsqu'ils auront raconté le vol dont vous avez failli être victimes ; en voici la teneur : (Lisant.) « Tout » Paris sait que de hardis voleurs ont tenté inutilement » de forcer le coffre-fort qui se trouve dans le cabinet » du Directeur de la Banque de l'Univers, mais ce que » nos lecteurs ignorent, c'est que le coffre en question » sort des ateliers de la maison Batenfer et Cie et qu'il » résiste également à l'action du feu...

FAVERNY, respirant.

Ah! vous êtes monsieur...

DURET.

Jean Duret, représentant de la maison Batenfer et Compagnie.

ROBERT, respirant.

Enchanté, monsieur, d'avoir pu vous être agréable.

DURET.

C'est moi qui vous remercie. (Saluant.) Messieurs.

Il sort.

SCÈNE XVII

ROBERT, FAVERNY, puis JEANNE, GENEVIÈVE
et HORTENSE, puis MAURICE.

FAVERNY, gaîment.

Total : deux réclames au lieu d'une !...

ROBERT.

J'ai eu joliment peur.

FAVERNY.

Poltron!

JEANNE, entrant dans le cabinet, suivie de Geneviève et d'Hortense.

Tiens, il n'est pas là. (Allant vers la porte qui communique
avec le hall.) Dans le hall peut-être... Par ici.

Elle entre dans le hall avec Hortense; Geneviève, qui est restée
dans le cabinet, arrange ses cheveux devant une glace.

JEANNE.

Nous voici... Bonjour, monsieur Faverny.

FAVERNY, saluant.

Mesdames!...

Il entre dans le bureau de Ronchon.

HORTENSE, à Robert.

Je viens admirer vos bureaux.

ROBERT.

Admirez.

Il remonte avec Jeanne et Hortense dans le fond.

JEANNE.

C'est bien installé, n'est-ce pas?

HORTENSE.

Très joli.

Geneviève ouvre la porte qui communique avec le hall, puis se re-
tourne, en entendant ouvrir la porte du fond.

MAURICE, à la cantonade.

Bien, j'attendrai.

GENEVIÈVE, refermant la porte qu'elle avait ouverte.

Bonjour, monsieur d'Angerville.

MAURICE.

Vous, mademoiselle !

ROBERT, à Jeanne et Hortense.

Venez par ici maintenant.

Il entre avec Jeanne et Hortense dans les bureaux de droite.

SCÈNE XVIII

GENEVIÈVE, MAURICE.

MAURICE.

Vous !

GENEVIÈVE, souriant.

Vous semblez tout surpris de me voir. Ma présence vous est-elle désagréable ?

MAURICE.

Excusez mon trouble, mais c'est qu'en effet, je ne m'attendais pas... je ne pensais pas que j'aurais le bonheur de vous voir encore une fois avant mon départ.

GENEVIÈVE, vivement.

Votre départ ?

MAURICE

Une dépêche m'appelle à Guérande où mon oncle, le marquis de Rouvray, est très gravement malade.

GENEVIÈVE, tristement.

Vous partez...

5.

MAURICE, vivement.

Pour revenir bientôt, car j'espère à force de soins et d'affection vaincre le mal dont souffre mon oncle et alors..

GENEVIÈVE.

Et alors...

MAURICE.

Alors, j'oserai peut-être vous dire, à mon retour, ce que je n'ose vous dire en ce moment.

GENEVIÈVE, surprise.

Ce que vous n'osez...

MAURICE.

J'oserai peut-être vous dire le secret que, depuis long-temps, je tiens enfermé là et qui me brûle les lèvres; le secret qui tout à la fois assombrit et ensoleille mon cœur.

GENEVIÈVE.

Un secret !

MAURICE.

J'oserai peut-être vous dire, Geneviève, que d'un regard, d'un sourire, d'un mot de vous, dépend le bonheur de toute ma vie.

GENEVIÈVE.

Le bonheur de votre vie ?

MAURICE.

Ah! si je savais ne pas vous offenser, si seulement j'étais sûr que vous pardonniez à mon audace, je vous dirais...

GENEVIÈVE.

Vous me diriez?...

MAURICE.

Je vous dirais que depuis que j'ai la joie de vous connaître, je ne vis plus que par vous et pour vous; je vous dirais que toutes mes pensées, toujours pleines de vous, vont toutes vers vous ; je vous dirais que mes yeux n'ont rien vu jamais de plus charmant, de plus parfait et de plus adorable que vous ; je vous dirais que, tout entière, mon âme s'est donnée à votre âme et pour toujours ; je vous dirais enfin que je vous adore, que je vous aime de toutes les forces de mon être et de mon cœur et que, jamais, jeune fille ne fut aimée d'un plus profond, d'un plus ardent et aussi d'un plus chaste amour.

GENEVIÈVE.

Monsieur le duc!

MAURICE.

Ah! pardonnez-moi, pardonnez-moi d'avoir osé vous parler ainsi, mais, au moment de vous quitter, je n'ai pas pu retenir plus longtemps l'aveu que je viens de vous faire ; je n'ai pas pu, je n'ai pas pu.

GENEVIÈVE.

Monsieur Maurice!

MAURICE.

Geneviève, je vais m'éloigner de vous pour longtemps peut-être : me laisserez-vous partir sans me rien dire, sans me dire si je dois craindre ou espérer, sans me dire enfin si vous me permettez de vous aimer. Ah! par pitié, Geneviève, par pitié, dites-moi, dites-moi que vous me le permettez.

GENEVIÈVE, très émue.

Je vous le permets.

MAURICE, avec joie.

Geneviève!... Ah! je puis partir maintenant, mon cœur a fait provision de bonheur et d'espérance!... Mais où est votre frère, je veux le voir, je veux lui dire...

GENEVIÈVE, vivement.

Non, gardons le secret jusqu'à votre retour.

MAURICE.

Jusqu'à mon retour?... Craignez-vous donc que...

GENEVIÈVE.

Je vous en prie.

MAURICE.

Puisque vous l'exigez, je me tairai, mais je vous jure qu'aucun obstacle ne peut s'opposer désormais...

GENEVIÈVE, tendant la main à Maurice.

Et, moi, je vous jure que je ne serai jamais à un autre qu'à vous.

Maurice lui baise la main.

SCÈNE XIX

Les Mêmes, ROBERT, puis JEANNE et HORTENSE.

ROBERT, entrant dans le hall.

Où est donc Geneviève?

GENEVIÈVE, retirant sa main.

Mon frère.

Elle entre dans le hall suivie de Maurice.

ROBERT.

Tu étais là?

Jeanne et Hortense entrent dans le hall.

HORTENSE, à part.

Le duc!

GENEVIÈVE.

Avec M. d'Angerville qui vient nous faire ses adieux.

ROBERT, serrant la main de Maurice.

Vous partez?

JEANNE.

Pour longtemps?

MAURICE.

Je l'ignore.

HORTENSE, à part.

Tiens, tiens !

MAURICE.

Je suis mandé près de mon oncle qui est très gravement malade.

HORTENSE.

Ah! ce pauvre colonel !

JEANNE.

Nous souhaitons, monsieur, qu'il se rétablisse promptement et que vous nous reveniez bientôt.

ROBERT.

Au moins, si vous ne partez pas aujourd'hui, donnez-nous votre soirée.

MAURICE.

Je pars dans une heure et suis obligé de vous quitter à l'instant.

ROBERT.

Alors...

MAURICE, saluant Jeanne et Hortense.

Mesdames...

GENEVIÈVE, lui tendant la main.

Adieu!

MAURICE, à mi-voix.

Au revoir.

ROBERT, reconduisant Maurice au fond.

A bientôt, n'est-ce pas ?

JEANNE, même jeu.

Nos vœux vous accompagnent.

Maurice sort par le fond.

SCÈNE XX

LES MÊMES, moins MAURICE; FAVERNY, FRANÇOIS, BIBI.

HORTENSE, à part.

Me serais-je trompée?

GENEVIÈVE, à part.

Parti.

ROBERT, redescendant en scène.

Alors, baronne, vous dinez avec nous?

HORTENSE.

Cela vous contrarie?

ROBERT, riant.

Un peu, mais ça se passera. (A Jeanne.) La voiture est en bas?

JEANNE.

Oui, et Hortense a son coupé.

ROBERT.

Partons, alors. (Appelant.) François! Bibi! nos pardessus, nos chapeaux. (Frappant au guichet de Ronchon.) Viens-tu, Faverny?

FAVERNY, sortant du bureau.

Me voici.

François et Bibi apportent les pardessus et les chapeaux.

ROBERT.

Allons, en route! (A Hortense.) Votre bras, baronne...

Robert, Faverny, Jeanne, Geneviève et Hortense sortent par le fond, François et Bibi restent en scène.

RONCHON, dans la coulisse.

Voyons, monsieur Prosper, vous pourriez bien attendre qu'il soit cinq heures pour vous laver.

BIBI, à François.

Dites donc : la gosse en bleu, c'est la sœur du patron ?

FRANÇOIS.

Oui, pourquoi?

BIBI.

Parce que chaque fois qu'a vient, a me r'luque... j'sais pas, mais...

FRANÇOIS.

Mais quoi?

BIBI.

J'crois qu'a m'gobe !

ACTE TROISIÈME

Un salon richement décoré et brillamment éclairé. — Au fond, triple
baie ouverte sur un second salon; portes latérales. — A droite,
une fenêtre donnant sur un balcon. Meubles divers. Au lever du
rideau, tous les personnages en toilette de soirée, sont groupés
diversement et causent avec animation. Antoine, François et Bibi
circulent parmi les groupes avec un plateau chargé de rafraîchissements.

———

SCÈNE PREMIÈRE

ROBERT, JEANNE, GENEVIÈVE, HORTENSE, DE SAINT-
FLASQUE, DE FLAGEOLLE, DON BANCO, BADERNEAU,
BOOZ, MORIN, RONCHON, JULES, PROSPER, AMÉDÉE,
MESDAMES DE MONTDORÉ, DE NANCY et DE SOLAN-
GES.

PREMIÈRE SÉRIE DE PERSONNAGES, parlant en même
temps.

ROBERT, à Hortense. — Baronne, je vous jure que je suis
sincère : vous êtes ce soir absolument idéale.

MADAME DE MONTDORÉ, à Jeanne. — Ma chère, votre
soirée est charmante et vous savez que je m'y connais.

MADAME DE NANCY, à madame de Solanges. — C'est vous
qui l'avez voulu : moi, je préférais l'Extérieure.

DE SAINT-FLASQUE, à Flageolle. — Dis donc, Flageolle, tu n'aurais pas, par hasard, quelques louis sur toi ?

BADERNEAU, à don Banco. — Je ne sais pas si vous êtes comme moi ? Je trouve toutes les femmes délicieuses ce soir.

BOOZ, à Morin. — Cela doit coûter beaucoup d'argent à ceux qui la donnent, une soirée pareille ?

RONCHON, à Jules. — Si vous dansez trop, vous ne serez pas en train de travailler demain.

PROSPER, à Amédée. — Est-ce que tu as fait danser la sœur du patron, toi ? Moi, je viens de la faire valser.

FRANÇOIS, à Bibi qui boit un verre de sirop. — Eh bien, polisson, si monsieur ou madame te voyait...

ANTOINE, offrant des rafraîchissements. — Mesdames, messieurs... mesdames, messieurs...

DEUXIÈME SÉRIE DE PERSONNAGES, parlant en même temps, et répondant à la première.

HORTENSE, à Robert. — Et les autres soirs, qu'est-ce que je suis ?

JEANNE, à madame de Montdoré. — C'est vous qui donnez les plus belles fêtes de Paris.

MADAME DE SOLANGES, à madame de Nancy. — Je croyais être sûre de la Pontificale.

FLAGEOLLE, à Saint-Flasque. — J'allais te faire la même question.

DON BANCO, à Baderneau. — On en mangerait, cher ami, on en mangerait.

MORIN, à Booz. — Dumont est assez riche pour se permettre cela.

JULES, à Ronchon. — Ne parlez donc pas de ça, ne parlez donc pas de ça.

AMÉDÉE, à Prosper. — Je n'ai pas encore osé l'inviter.

BIBI, à François. — Quoi, j'ai bien le droit de m'humecter.

ANTOINE, offrant des rafraîchissements. — Mesdames, messieurs... mesdames, messieurs...

ROBERT, MADAME DE MONTDORÉ, SAINT-FLASQUE et PROSPER, parlant en même temps.

ROBERT, à Hortense. — Je le demanderai à votre mari.

MADAME DE MONTDORÉ, à Jeanne. — Vous me flattez, ma chère, vous me flattez.

DE SAINT-FLASQUE, à Flageolle. — J'ai envie d'en emprunter à Dumont.

PROSPER, à Amédée. — Elle ne refusera pas, va.

HORTENSE, riant aux éclats et changeant de place.
Ah! ah! ah! c'est cela, demandez-lui. Ah! ah! ah!

JULES, à Ronchon.
Voilà une dame qui ne s'ennuie pas.

RONCHON.
C'est pas comme moi.

JULES.

Vous vous ennuyez ?

RONCHON.

Toujours, dans les endroits où l'on s'amuse.

Antoine, François et Bibi se retirent dans le salon du fond.

FLAGFOLLE, à Dumont.

Eh bien, cher, on ne danse plus ?

JEANNE, à Flageolle.

Mais quand vous voudrez.

ROBERT.

Les musiciens ont demandé quelques secondes de répit.

MESDAMES DE NANCY et DE SOLANGES.

Et nous aussi.

SAINT-FLASQUE, à mesdames de Nancy et de Solanges.

Fatiguées — déjà ?

MADAME DE SOLANGES.

C'est notre septième bal depuis lundi.

SAINT-FLASQUE.

Moi, le quinzième et vous voyez qu'il n'y paraît pas.. toujours bécarre !

FLAGEOLLE, à madame de Montdoré.

Irez-vous à la mer cette année ?

MADAME DE MONTDORÉ.

Oui, j'ai l'intention d'aller à Paramé.

ROBERT.

Est-ce une jolie plage ?

MADAME DE MONTDORÉ.

Je ne sais pas : elle m'est recommandée...

JEANNE.

Par votre médecin ?

MADAME DE MONTDORÉ.

Non, par le *Figaro.*

HORTENSE, à Geneviève.

Et le duc d'Angerville, que devient-il?

GENEVIÈVE.

Mais il est à Paris.

HORTENSE.

Depuis quand?

ROBERT.

Depuis hier.

JEANNE.

Avec son oncle, le marquis de Rouvray.

HORTENSE, à part.

Le marquis est ici !

JEANNE.

Mon mari a rencontré ces messieurs ce matin et ils lui
ont promis qu'ils seraient des nôtres ce soir.

ROBERT.

Oui, mais j'ai bien peur qu'ils ne tiennent pas leur
promesse, il est déjà tard et...

GENEVIÈVE, vivement.

Oh ! je suis sûre que M. d'Angerville...

Elle s'arrête troublée.

HORTENSE, à part.

Moi aussi.

ROBERT, à Geneviève.

Tu es sûre... tu es sûre...

GENEVIÈVE, légèrement.

Oh ! je dis cela...

ROBERT.

Comme tu dirais autre chose?

GENEVIÈVE, riant.

Mon Dieu, oui.

UN DOMESTIQUE, dans la coulisse.

Monsieur le marquis de Rouvray, monsieur le duc d'Angerville.

GENEVIÈVE et HORTENSE, à part.

Lui!

SCÈNE II

LES MÊMES, LE MARQUIS, MAURICE.

ROBERT, au marquis pendant que Maurice salue Jeanne et Geneviève.

Ma foi, monsieur de Rouvray, j'étais en train de médire sur votre compte.

LE MARQUIS.

Vraiment?

MAURICE, qui vient de saluer Hortense.

Madame Dumont, mon oncle, et mademoiselle Geneviève Dumont.

LE MARQUIS, saluant.

Mesdames...

JEANNE.

Mon mari, monsieur le marquis, gageait à la minute que vous ne viendriez pas.

LE MARQUIS.

Il comptait sans le désir que j'avais de vous connaître, madame.

Il va s'asseoir, ainsi que Jeanne.

MAURICE, à mi-voix à Geneviève.

J'arrive bien tard, et votre carnet doit être...

GENEVIÈVE, même ton.

Mais non.

MAURICE.

Vraiment ?

GENEVIÈVE.

J'ai réservé quelques danses pour...

MAURICE, vivement.

Pour?

GENEVIÈVE.

Les retardataires.

MAURICE.

Et la première valse est-elle... ?

GENEVIÈVE.

Elle est à vous, si vous voulez...

HORTENSE, prenant le bras de Maurice.

Vous seriez bien aimable, mon cher duc, de me rappeler au souvenir de M. de Rouvray.

MAURICE.

Volontiers. (Conduisant Hortense près du marquis.) Mon oncle, madame la baronne de Grandpré que vous avez vue il y a deux ans à Guérande...

LE MARQUIS, l'interrompant.

Chez mon ami de Kergoët.

HORTENSE.

Comment, marquis, vous vous souvenez de moi?..

LE MARQUIS.

Quand j'ai vu une jolie femme une fois, je ne l'oublie jamais.

HORTENSE.

Toujours galant.

LE MARQUIS.

C'est le seul droit qu'on ait encore à mon âge.

HORTENSE.

Votre âge ? Mais, marquis, vous êtes tout jeune.

LE MARQUIS, riant.

Tout jeune, avec soixante-dix ans.

HORTENSE.

Vraiment ? J'allais vous en donner cinquante.

LE MARQUIS.

Merci, cela me ferait cent vingt.

On entend dans la coulisse les premières mesures d'une valse.

ROBERT, offrant son bras à madame de Montdoré.

Messieurs, la valse vous appelle.

SAINT-FLASQUE, offrant son bras à madame de Nancy.

Viens-tu, Flageolle ?

FLAGEOLLE, offrant son bras à madame de Solanges.

Je te suis.

MAURICE, offrant son bras à Geneviève.

Mademoiselle...

ROBERT, à Ronchon.

Vous ne dansez pas, Ronchon ?

RONCHON.

J'en demande pardon à monsieur le directeur, mais la danse est un exercice auquel je ne me suis jamais livré.

ROBERT.

Eh bien, je m'en doutais, monsieur Ronchon.

Il sort en riant avec madame de Montdoré, Geneviève, Maurice, Saint-Flasque, Flageolle, et mesdames de Nancy et Solanges.

SCÈNE III

LES MÊMES, moins ROBERT, MAURICE, SAINT-FLASQUE, FLAGEOLLE, MESDAMES DE MONTDORÉ, DE NANCY, DE SOLANGES et GENEVIÈVE.

On entend l'orchestre pendant toute la scène qui suit.

JEANNE, au marquis.

Quinze ans?

LE MARQUIS.

Mais oui, quinze ans : il y a quinze ans que j'ai quitté l'armée pour me retirer à Guérande.

HORTENSE.

Vous devez vous y ennuyer à mourir?

LE MARQUIS.

M'ennuyer! Mais nous avons là-bas, mesdames, tous les plaisirs que vous avez ici : pas de théâtre — c'est vrai — mais des bois tout remplis d'artistes merveilleux, qui ne chantent jamais faux, ne sont jamais indisposés et se contentent de très minimes appointements quoiqu'ils chantent tous les jours, et même du matin au soir; puis, la mer qui, trop souvent, hélas! nous joue des drames terribles. —des drames qui nous font pleurer de vraies larmes, je vous assure; quant à la comédie, notre conseil municipal —comme celui de Paris — relativement, c'est aussi amusant. Pas d'expositions ni de musées : mais à perte de vue, d'incomparables tableaux que la nature peint elle-même pour le plaisir de nos yeux et qu'elle change tous les jours. — Il n'y a que le cadre qui ne change pas : c'est l'horizon. Les tableaux qu'on vous montre ici, ne sont que la copie des nôtres, et si vous saviez comme c'est peu ressemblant. Pas de luxueux magasins : mais, en revanche, des foires très pittoresques où l'on trouve

de tout ! des robes de soie et des veaux, des bijoux et de
la volaille. Ce qu'on y vend est peut-être moins élégant
que ce qu'on vend ici, mais, dam, c'est moins cher.
Pas de riches salons où l'on puisse donner des bals et des
fêtes : mais une grande place où, le dimanche, quand il
fait beau, l'on saute gaiment à la lueur des étoiles ! —
elles éclairent moins que le gaz, je l'avoue, mais aussi il
n'y a pas d'explosions à craindre et puis... c'est plus sain.
Et que de merveilles encore nous possédons, que vous
ne connaissez pas, et ne connaîtrez jamais : les levers de
soleil et les couchants, et... (changeant de ton.) Mais je deviens lyrique et j'oublie que je parle devant deux Pari-
siennes qui doivent me trouver très ridicule.

JEANNE et HORTENSE, ensemble.

JEANNE. — Pas du tout.

HORTENSE. — Au contraire.

Tous les personnages en scène disparaissent sauf le marquis,
Jeanne, Hortense et les domestiques qui sont restés dans le
fond.

SCÈNE IV

LE MARQUIS, JEANNE, HORTENSE.

LE MARQUIS.

M'ennuyer ! Mais je le voudrais, mesdames, que je ne
le pourrais pas. D'abord, je me suis fait là-bas un nid
charmant.

HORTENSE.

Oh ! cela, c'est vrai : votre château est ravissant.

LE MARQUIS.

Tous les châtelains des environs sont mes amis. Je les
reçois, je vais chez l'un, je vais chez l'autre, on chasse,
on pêche, on dîne ensemble et, au dessert, on dit du mal

6

du gouvernement... Et le temps passe. Si je sors seul, je ne tarde pas à rencontrer quelques-uns de mes braves paysans qui, à propos de la récolte future, me font part de leurs craintes et de leurs espérances ; ou quelques robustes et jolies filles que, ma foi, je ne me gêne pas pour embrasser et à pleine bouche encore.

Ici l'orchestre cesse de jouer.

HORTENSE.

Marquis !

LE MARQUIS.

Oh ! elles savent bien, les pauvrettes, qu'à mon âge ce n'est pas dangereux et que les baisers des vieux ne sont pas des baisers, mais des bénédictions. Le dimanche, je vais à la messe — on y va encore chez nous — et, en revenant, je vais porter en cachette mon aumône à ceux que je sais malheureux. Je les console et les encourage de mon mieux et, en les quittant, c'est grande fête dans mon cœur de songer que c'est un peu fête dans leur maison. Enfin, quand je me sens las et triste, je m'enferme dans ma chambre, et là, dans le silence, j'évoque l'image de ceux qui ne sont plus et que j'ai aimés, et je leur parle, et il me semble qu'ils me répondent. (Changeant de ton.) A soixante-dix ans, on est un peu fou, et à revivre ainsi mes jeunes années, j'oublie qu'elles sont loin... loin... bien loin... (Changeant de ton.) Vous voyez bien, mesdames, que je ne peux pas m'ennuyer.

L'orchestre joue les premières mesures d'une mazurka.

HORTENSE, se levant.

Eh bien, marquis, je vous jure que, moi, je m'ennuierais.

LE MARQUIS, même jeu.

Bah ! vous vous y feriez... et une fois installée là-bas, avec votre mari...

HORTENSE, vivement.

Avec mon mari ? Mais je mourrais le jour de mon arrivée.

JEANNE, se levant.

Hé bien, moi, je m'y plairais à la condition pourtant de venir toutes les semaines à Paris, passer...

LE MARQUIS, l'interrompant.

Huit jours...

SCÈNE V

Les Mêmes, DE SAINT-FLASQUE.

SAINT-FLASQUE, à Hortense.

Enfin, baronne, je vous retrouve.

HORTENSE.

Vous me cherchiez?

SAINT-FLASQUE.

Ne m'avez-vous pas promis cette mazurka?

HORTENSE, prenant le bras de Saint-Flasque.

C'est juste... (A Jeanne et au marquis.) Vous permettez?

JEANNE.

Nous vous suivons.

LE MARQUIS, offrant son bras à Jeanne.

Votre bras, madame?

Jeanne prend le bras du marquis et sort avec lui derrière Saint-Flasque et Hortense.

SCÈNE VI

FRANÇOIS, BIBI.

BIBI.

Dites donc, père François, croyez-vous que la patronne a une chouette devanture, hein ? Si j'en avais une comme ça, moi, j'fermerais jamais.

FRANÇOIS.

Veux-tu te taire !... Si on t'entendait...

BIBI.

Eh bien, quoi, j'débine pas la marchandise.

FRANÇOIS.

Chut !... monsieur !

Ils sortent tous deux.

SCÈNE VII

ROBERT, FAVERNY.

ROBERT.

Comme tu viens tard.

FAVERNY, sombre.

Ce n'est pas sans motif.

ROBERT, gaîment.

Excellente, tu sais, ton idée de donner une fête : tous mes invités sont émerveillés des splendeurs de mon hôtel et je gagerais que ceux d'entre eux qui, hier, doutaient de la prospérité de la banque de l'Univers, en répondraient aujourd'hui sur leur tête.

FAVERNY.

Cela nous ferait une belle jambe !

ROBERT, surpris.

Comment, cela nous ?...

FAVERNY.

Avant de venir ici, je suis allé à la petite bourse et j'y ai appris une nouvelle triste pour nous.

ROBERT, inquiet.

Une nouvelle triste pour nous?

FAVERNY.

Une descente de police a eu lieu ce soir dans les bureaux du Crédit des Deux-Mondes.

ROBERT, tressaillant.

Dans les bureaux du Crédit... Mais alors, tous les capitaux que nous avons engagés sur les valeurs de cette maison...

FAVERNY.

Ils doivent être loin s'ils courent toujours.

ROBERT.

Si bien que nous sommes perdus?

FAVERNY.

Pas encore si nous parvenons à tenir l'engagement que nous avons pris de payer demain un premier dividende sur nos actions de la Savane.

ROBERT.

Oh ! cela, nous le paierons puisque Bormann nous a promis...

FAVERNY.

Bormann est atteint comme nous par la chute du Crédit des Deux-Mondes et reprend sa parole.

ROBERT, accablé.

Alors ?

6.

FAVERNY.

Alors, il s'agit de trouver, ce soir même, parmi tes invités, les fonds qui nous sont nécessaires.

ROBERT.

Parmi mes... je ne vois pas à qui je pourrais...

FAVERNY.

Voyons, il n'y a pas que des académiciens dans ton salon, il y a bien un imbécile... quand ce ne serait que Duvauchel, le banquier, que j'ai aperçu tout à l'heure, en entrant.

ROBERT.

Oh ! je doute que celui-là...

FAVERNY.

Essaie toujours.

ROBERT.

Je veux bien, mais... (Changeant de ton.) Ce Crédit des Deux-Mondes... qui aurait pu prévoir ?... (Changeant de ton.) Comment n'as-tu pas su à la préfecture que ?...

FAVERNY.

Je n'y vais plus : je suis en froid avec le nouveau préfet... (Changeant de ton.) Mais voyons, tu perds du temps et Duvauchel pourrait partir.

ROBERT.

Je vais le trouver.

Il sort et se croise en sortant avec Baderneau, don Banco, Booz et Morin qui entrent.

SCÈNE VIII

FAVERNY, BADERNEAU, DON BANCO, BOOZ, MORIN.

DON BANCO, à Faverny.

Hé, bonsoir, cher monsieur Faverny.

FAVERNY, donnant des poignées de main.

Messieurs...

BADERNEAU.

C'est toujours demain que nous détachons notre premier coupon?

FAVERNY.

Oui, messieurs, demain.

Il remonte au fond.

MORIN, à mi-voix.

Ou un autre jour.

BOOZ, vivement.

Vous dites?

MORIN, à mi-voix.

Je dis que je viens d'en apprendre de drôles : Savez-vous ce que quelques invités de notre ami Dumont se murmuraient tout à l'heure à l'oreille dans un petit coin de son salon? Ils disaient, ou plutôt ils affirmaient, avec preuves à l'appui, qu'il était ruiné lorsqu'il a fondé la banque de l'Univers, que de plus, il avait déjà, à cette époque, mangé la fortune de sa sœur et qu'enfin, il ne serait pas en mesure de payer demain le dividende annoncé.

BADERNEAU, même jeu.

Cependant cet hôtel qu'il vient d'acheter et qu'il inaugure aujourd'hui... cette magnifique installation... rien n'indique...

MORIN, même jeu.

Mais, ni l'hôtel, ni les meubles, ni le reste, rien n'est payé.

BOOZ, même jeu.

Mais, alors; c'est la ruine.

BADERNEAU, même jeu.

Je donne ma démission.

BOOZ et DON BANCO, même jeu.

Moi aussi.

MORIN, même jeu.

Attendons encore un peu : Dumont est malin et peut...

BADERNEAU, DON BANCO, BOOZ, même jeu.

Alors, attendons.

BOOZ, même jeu.

Mais si... C'est que nous sommes d'honnêtes gens, nous autres, et...

Bruits de voix et rires dans la coulisse.

MORIN.

Chut !

SCÈNE IX

LES MÊMES, JEANNE, GENEVIÈVE, HORTENSE, LE MAR-
QUIS, MAURICE, DE SAINT-FLASQUE, DE FLAGEOLLE,
RONCHON, JULES, PROSPER, AMÉDÉE, MESDAMES DE
MONTDORÉ, DE NANCY et DE SOLANGES, puis ANTOINE,
FRANÇOIS et BIBI, puis ROBERT.

HORTENSE.

Non, non, vous aurez beau dire : je ne puis souffrir cette musique.

SAINT-FLASQUE.

Parce que l'auteur est un étranger.

HORTENSE.

Peut-être.

FLAGEOLLE.

Mais l'art n'a pas de patrie.

SAINT-FLASQUE.

Évidemment.

MAURICE, donnant le bras à Geneviève.

Pardon, il en a une.

Les domestiques entrent et circulent dans les groupes en offrant des rafraîchissements.

FLAGEOLLE.

Laquelle?

MAURICE.

La nôtre.

SAINT-FLASQUE, riant.

Attention! D'Angerville va faire un discours.

MAURICE.

Nierez-vous que la France soit la patrie de tous les arts?

FLAGEOLLE.

Assez, mon cher, vous avez l'air d'inaugurer une pompe.

SAINT-FLASQUE.

On dirait Duval.

MAURICE.

Cependant...

SAINT-FLASQUE et FLAGEOLLE, riant.

Assez! assez!

LE MARQUIS, à Geneviève.

Oui, oui, mon neveu voulait absolument que je vous fisse danser.

GENEVIÈVE, souriant.

Et vous n'avez pas voulu? C'est mal.

LE MARQUIS.

Ce n'est pas moi qui n'ai pas voulu, ce sont mes jambes.

MADAME DE NANCY, à Baderneau.

Doucement, capitaine, la galanterie a des bornes.

BADERNEAU.

Pas pour les soldats.

MADAME DE NANCY.

En activité, — mais... pour les autres?

BADERNEAU.

Ah! ça, comtesse, c'est méchant.

FAVERNY, à madame de Montdoré.

Alors M. de Montdoré n'a pas été validé?

MADAME DE MONTDORÉ.

C'est la troisième fois qu'on l'invalide, et pourtant mon mari ne nuirait à personne à la Chambre: il n'est pas orateur, n'entend rien à la politique, ni aux affaires, ni...

FAVERNY.

Ah! il n'entend rien aux... Pensez-vous qu'il présiderait volontiers un conseil d'administration?

MADAME DE MONTDORÉ.

Mais... je le lui demanderai.

JEANNE, à Faverny.

Hé, monsieur Faverny, je ne vous avais pas encore vu.

FAVERNY, saluant Jeanne.

J'arrive seulement, madame.

> Il remonte.

ROBERT, entrant en scène et s'approchant de Faverny.

Duvauchel vient de partir.

FAVERNY.

Alors, tu ne l'as pas vu?

ROBERT.

Si, nous aurons les fonds demain matin.

FAVERNY.

Enfin !

> Les domestiques sortent.

ROBERT.

Mesdames, messieurs, je vous prie de vouloir bien passer dans la galerie : Notre ami... de la Comédie-Française vient d'arriver et va nous dire un monologue.

HORTENSE.

Est-ce l'aîné ou le cadet?

ROBERT.

C'est le cadet, l'aîné n'est pas à Paris.

SAINT-FLASQUE.

Il est en tournée ?

FLAGEOLLE.

Qu'est-ce qu'il va dire ?

ROBERT.

Un monologue intitulé : « La scène à faire. »

MADAME DE GRANDPRÉ.

De qui ?

ROBERT.

De Francisque.

MADAME DE SOLANGES.

Tiens ! il fait donc des monologues ?

ROBERT.

Dam, il paraît.

BIBI, au fond.

Monsieur Dumont, il y a l'acteur qu'est dans le salon qui dit comme ça qu'il va commencer.

ROBERT.

Bien. Mesdames, messieurs, si vous voulez...

SAINT-FLASQUE.

Allons entendre Cadet.

On entend applaudir dans la coulisse.

HORTENSE.

Dépêchons-nous, c'est commencé.

Tout le monde se dirige vivement vers le fond.

MAURICE, au marquis.

J'ai un mot à vous dire, mon oncle.

Tout le monde sort, sauf Maurice, le marquis et Robert.

ROBERT, au fond.

Venez-vous, messieurs ?

MAURICE.

Oui, oui, dans un instant.

Robert sort.

SCÈNE X

MAURICE, LE MARQUIS, puis FLAGEOLLE.

LE MARQUIS, après un temps.

Eh bien, voyons, Maurice, qu'as-tu à me dire? (S'asseyant.) Je t'écoute.

MAURICE.

Une chose grave, mon oncle.

LE MARQUIS, surpris.

Une chose grave?... explique-toi.

MAURICE.

Je le voudrais, mais...

LE MARQUIS.

Mais?...

MAURICE.

J'ai peur...

LE MARQUIS.

Peur?... tu as peur de moi. Ah ça! tu deviens fou.

MAURICE.

Oui, j'ai peur, peur de vous, peur de votre colère, peur que vous répondiez par un refus à la demande que je n'ose vous faire.

LE MARQUIS.

A la demande que... Parle, voyons, parle.

MAURICE.

Mon oncle, je vous ai souvent entendu dire que jamais vous ne consentiriez à ce que j'épousasse une jeune fille qui ne serait pas de mon rang.

7

LE MARQUIS.

Oui. Eh bien?

MAURICE.

Eh bien, je viens vous demander, vous supplier de revenir sur votre décision, car celle que j'aime n'est pas...

LE MARQUIS, se levant.

Ne m'en dis pas plus, Maurice, c'est inutile.

MAURICE.

Ah! je vous jure, mon oncle, que j'ai tout fait pour imposer silence à mon cœur et résister à cet amour, mais je n'ai pas pu, je n'ai pas pu.

LE MARQUIS.

Comment se fait-il que depuis trois mois que tu es près de moi, ce soit seulement aujourd'hui que tu me parles de...

MAURICE.

La plus légère émotion pouvait vous tuer, j'ai gardé le silence, et, cependant, cent fois j'ai été sur le point de me trahir, car lorsque j'étais assis à votre chevet, vous disputant à la mort, son nom... malgré moi... revenait sur mes lèvres : Geneviève, Geneviève!

Flageolle paraît au fond et écoute sans être vu.

LE MARQUIS.

Geneviève!... Comment, c'est de mademoiselle Dumont qu'il s'agit?

MAURICE.

Vous l'avez vue, mon oncle, vous lui avez parlé : eh bien, nierez-vous qu'elle soit charmante et digne qu'on l'aime, digne qu'on l'adore à genoux.

FLAGEOLLE, à part.

Tiens, tiens!

LE MARQUIS.

Maurice, si ton père et ta mère vivaient, ils refuseraient de consentir à une pareille alliance : je les ai remplacés près de toi et dois faire ce qu'eux-mêmes auraient fait, donc...

MAURICE.

Vous refusez ?

LE MARQUIS.

Oui.

FLAGEOLLE, à part.

Ah ! bah !

Il disparaît vivement.

MAURICE, tombant sur un siège.

Ah ! mon oncle ! mon oncle !

LE MARQUIS.

Souviens-toi, mon enfant, du nom que tu portes et songe que mademoiselle Dumont est d'origine obscure et que le sang qui coule dans ses veines... car enfin, tu fais bien une différence...

MAURICE.

Non, mon oncle, non.

LE MARQUIS.

Allons, tu parles comme un enfant.

MAURICE, avec emportement.

Et vous, mon oncle, vous ne parlez pas comme un soldat.

LE MARQUIS.

Maurice !

MAURICE.

D'ailleurs, nous n'en sommes plus au temps où les nobles ne s'alliaient qu'entre eux, et, aujourd'hui, Dieu merci, nous pouvons, sans déchoir, épouser...

LE MARQUIS.

Hé! pardieu, je sais tout cela ; je sais qu'il y a beau jour que le mot « mésalliance » a été rayé de notre langue par les romanciers et les dramaturges, mais je suis, moi, resté de mon époque, et fidèle à mes vieilles idées, et, toi-même, en y réfléchissant, Maurice, tu comprendras que... malgré tout, malgré les mœurs et les usages nouveaux, tu dois à ton origine, à ton nom, à ton titre...

MAURICE.

Ah! vos titres!... qu'ils soient maudits, s'ils doivent 'aire le malheur de ceux qui les portent.

LE MARQUIS.

Écoute-moi.

MAURICE.

Brisons là, mon oncle, brisons là : votre volonté sera respectée, mais... j'en mourrai.

LE MARQUIS, très ému.

Mourir! toi, Maurice! toi, mourir. Ah!... (Changeant de ton.) C'est qu'il le ferait comme il le dit. Mourir! (Changeant de ton.) Ah ça! voyons, voyons, voyons, tu n'es donc pas un homme?

MAURICE.

C'est parce que je suis un homme que j'en mourrai.

LE MARQUIS.

Veux-tu bien ne pas prononcer ce vilain mot-là... Ah! ces enfants, ces enfants... ça vient de naître et ça parle de mourir! Mourir!.... Eh bien, essaie un peu pour voir!... Et c'est à moi qu'il dit cela,.. à moi... à moi... (S'essuyant les yeux.) Ah! mon pauvre enfant, si je te fais souffrir, tu me le rends bien. (Après un temps.) Voyons, parle-moi, dis-moi quelque chose, promets-moi de renoncer... (Mouvement de Maurice.) Eh bien, non, non, non... je ne te demande même pas cela... ce serait trop... promets-moi seulement que tu tâcheras d'oublier et je serai content. (Après un temps.) Tu ne veux pas me promettre cela?...

Non? C'est encore trop, c'est... (Au public.) Vous allez voir que c'est moi qui vais être obligé de... (A Maurice.) Eh bien, tiens, si tu veux, nous allons transiger... tu vois que je ne suis pas bien méchant : tu vas voyager pendant un an, et si, à ton retour...

MAURICE.

Il en sera à mon retour ce qu'il en est aujourd'hui.

LE MARQUIS.

Bon, bon, nous verrons bien. (Au public.) C'est que je connais un peu ça... l'amour : moi, dans le temps, jamais plus de quinze jours et encore... (A Maurice.) Enfin, acceptes-tu ce que je te propose?

MAURICE.

Mais, mon oncle, j'ai avoué à Geneviève mon amour, et je ne peux pas lui dire aujourd'hui...

LE MARQUIS.

Ah! c'est mon dernier mot.

Applaudissements et bruits de voix dans la coulisse.

MAURICE.

Soit.

Il remonte la scène.

LE MARQUIS.

Où vas-tu?

MAURICE.

Trouver Geneviève, lui dire à quelle épreuve vous voulez soumettre notre amour, lui annoncer mon départ, et lui demander d'attendre mon retour.

Il sort vivement par le fond.

LE MARQUIS, seul.

Ai-je raison? ai-je tort? (Après un temps.) Ah! cette scène m'a tout bouleversé et ma pauvre tête... Il me semble que je n'y vois plus, j'étouffe et... (Apercevant la fenêtre.) Allons respirer un peu sur ce balcon. (S'arrêtant près de la fenêtre.) Ah! ces enfants, ces enfants! dire que c'est pour eux que l'on vit et que c'est par eux que l'on meurt!

Il disparaît sur le balcon. Saint-Flasque, mesdames de Montdoré, de Nancy et de Solanges paraissent au fond.

SCÈNE XI

SAINT-FLASQUE, MESDAMES DE MONTDORÉ, DE NANCY et DE SOLANGES, puis FLAGEOLLE et HORTENSE.

MADAME DE SOLANGES.

Décidément ce Cadet est très drôle.

SAINT-FLASQUE.

Dites qu'il est gondolant!... moi, chaque fois que je l'entends, je me gondole.

MADAME DE NANCY.

Eh bien, pas moi; d'abord, je déteste les monologues.

MADAME DE SOLANGES.

Le fait est que cela n'est pas toujours très compréhensible.

SAINT-FLASQUE.

C'est justement pour ça que c'est drôle.

MADAME DE MONTDORÉ, avec emphase.

Moi, je n'aime que la poésie, la poésie lyrique et sentimentale!

SAINT-FLASQUE, à part.

Ah!... tais-toi!

Flageolle et Hortense entrent par le fond.

HORTENSE.

Alors, c'est ici que...

FLAGEOLLE.

Ici même.

HORTENSE.

Et il a refusé?

FLAGEOLLE.

Carrément.

HORTENSE, riant.

Ah! l'aventure est plaisante...

MADAME DE MONTDORÉ.

Quelle aventure?

HORTENSE.

Ah! ma chère, c'est tout un roman.

MADAME DE NANCY.

Un roman?

HORTENSE.

Dont le dénouement vient d'avoir lieu ici-même.

MADAME DE SOLANGES.

Ici?

HORTENSE.

Tout à l'heure.

MESDAMES DE MONTDORÉ et DE NANCY.

Contez-nous cela.

SAINT-FLASQUE.

Oh! oui.

HORTENSE, à Flageolle.

Mon cher, vous avez la parole.

FLAGEOLLE, hésitant.

Je ne sais si je dois...

TOUS.

Oui, oui, oui.

FLAGEOLLE.

Vous garderez le secret?

TOUS.

Naturellement.

FLAGEOLLE, prenant une pose.

Je commence! C'était par une belle nuit parsemée d'é-
toiles...

SAINT-FLASQUE.

Mais... c'est encore un monologue.

HORTENSE.

Au fait, au fait.

FLAGEOLLE.

Ah! vous voulez que... Eh bien, voici la chose en deux
mots : Le duc d'Angerville est amoureux de mademoiselle Dumont.

MADAME DE MONTDORÉ, continuant.

Et il l'épouse...?

MADAME DE NANCY.

Le roman n'est pas compliqué.

FLAGEOLLE.

Et il ne l'épouse pas, car son oncle s'y oppose formel-
lement, for-mel-le-ment.

SAINT-FLASQUE.

Un dénouement tragique, alors?

MADAME DE SOLANGES.

C'est délicieux.

MADAME DE NANCY.

Adorable!

MADAME DE MONTDORÉ.

Geneviève, duchesse!

HORTENSE.

Pourquoi non ? Elle est charmante.

MADAME DE NANCY.

Charmante, tant que vous voudrez, ma chère, mais puisqu'elle est née peuple, qu'elle reste donc peuple.

SAINT-FLASQUE.

C'est évident.

HORTENSE.

Je vous assure que cela me fait beaucoup de peine pour elle.

MADAME DE MONTDORÉ, d'un air triste.

Moi aussi. (Changeant de ton.) Je vais conter cela à mon mari.

MESDAMES DE SOLANGES et DE NANCY.

Moi, je vais le dire à...

FLAGEOLLE.

Rappelez-vous que vous m'avez promis le secret.

MESDAMES DE MONTDORÉ, DE NANCY et DE SOLANGES.

Oui, oui, oui.

Elles sortent en riant avec Hortense.

SCÈNE XII

SAINT-FLASQUE, FLAGEOLLE, puis LE MARQUIS.

SAINT-FLASQUE, s'asseyant.

Ce pauvre d'Angerville !... Mais comment as-tu su ?

FLAGEOLLE, s'asseyant.

Je venais pour respirer dans ce salon. L'oncle et le neveu s'y trouvaient, et, ma foi, sans le vouloir, j'ai entendu.

SAINT-FLASQUE.

Alors, le marquis de Rouvray...

7.

FLAGEOLLE.

Oh! le marquis a refusé son consentement d'une façon absolue.

Le marquis paraît au fond.

SAINT-FLASQUE.

Bah! d'Angerville n'est pas embarrassé et s'il en tient vraiment pour la petite Geneviève...

FLAGEOLLE.

Il se passera de l'adhésion de son oncle?

SAINT FLASQUE.

Un oncle à héritage! — comme tu y vas! Non, s'il ne peut pas en faire sa femme, il en fera — la seule chose en somme, qu'il y ait à faire d'une femme que l'on aime, — sa maîtresse.

LE MARQUIS.

Vous vous trompez, monsieur : il en fera sa femme.

FLAGEOLLE, à part, en se levant.

Le marquis!

SAINT-FLASQUE, se levant et balbutiant.

Croyez bien, monsieur le marquis, que je n'avais pas l'intention... que je ne voulais pas... et que... et que je suis désolé de...

LE MARQUIS, l'éloignant du geste.

Cela suffit, monsieur.

SAINT-FLASQUE.

Je suis aux ordres de M. d'Angerville et compte sur vous, monsieur, pour le lui dire.

LE MARQUIS, brusquement.

Mon neveu, monsieur, accepte vos excuses et moi aussi. (A part.) Un duel, un scandale, — il ne manquerait plus que cela.

SAINT-FLASQUE, saluant le marquis.

Monsieur...

FLAGEOLLE, bas à Saint-Flasque en remontant la scène.

Elle est bien bonne, tu sais.

SAINT-FLASQUE, même jeu.

Je la trouve mauvaise, moi !

Ils sortent.

SCÈNE XIII

LE MARQUIS, au public, après un temps.

Eh bien, voilà mon Maurice revenu de son voyage avant de l'avoir commencé. Ces jeunes gens ! Insulter ainsi une pauvre enfant qui... Ah ! de notre temps, nous valions mieux que cela, nous... (Changeant de ton.) Mais qu'est-ce qu'on respecte donc aujourd'hui si on ne respecte plus les femmes ? (Changeant de ton.) Sa maîtresse ! — pauvre petite ! (Après un temps.) Sa femme !... J'ai dit qu'elle serait sa femme. (Réfléchissant.) Geneviève Dumont !... Dumont ! (Après un temps et comme prenant une résolution.) Elle sera sa femme.

SCÈNE XIV

LE MARQUIS, MAURICE, puis GENEVIÈVE.

LE MARQUIS, à part.

Maurice ! (Haut.) Eh bien, as-tu rempli ta mission ? As-tu dit à mademoiselle Geneviève ?...

MAURICE.

Non.

LE MARQUIS.

Non ?

MAURICE.

Quand je me suis trouvé près d'elle, le courage m'a manqué et je n'ai rien dit.

LE MARQUIS.

Rien ?

MAURICE.

Rien.

LE MARQUIS.

Hé, tant mieux, palsembleu !

MAURICE, surpris.

Que dites-vous ?

LE MARQUIS.

Je dis que tu as bien fait de ne point parler, car j'ai changé d'avis.

MAURICE.

Changé d'avis ?

LE MARQUIS.

Oui, tu ne pars plus, et je consens à ton mariage.

MAURICE.

Est-il possible ?... Vous consentez... Ah ! mon oncle, ne vous jouez pas de moi, ce serait mal. Si vous saviez comme je l'aime, si vous saviez... Ah ! ce serait bien mal.

LE MARQUIS.

Mais je ne me joue pas de toi et je te répète encore une fois que je consens à ce que tu l'épouses.

MAURICE.

Ainsi, c'est vrai, c'est...(Remontant vers le fond.) Ah ! je vais la rejoindre... Je vais... (S'arrêtant.) Elle vient de ce côté.

— Ah ! répétez-lui, mon oncle, répétez-lui ce que vous venez de me dire.

LE MARQUIS.

Je crois que tu le lui diras bien mieux toi-même.

MAURICE, à Geneviève qui entre.

Venez, Geneviève, venez. J'ai tout dit à mon oncle : il sait que je vous aime, il sait notre amour et il consent à notre union.

GENEVIÈVE, avec joie.

Maurice ! — Monsieur le marquis !

LE MARQUIS.

Oui, mon enfant, je consens. Ah ! je vous avoue que j'ai fait d'abord quelque résistance et que j'aurais voulu mettre un peu à l'épreuve cette passion dont on vient seulement de me faire l'aveu, mais je suis vieux et si je veux faire encore des heureux avant de m'en aller là-haut, il faut que je me hâte. Aussi, dès demain, je viendrai trouver votre frère auquel j'aurai l'honneur de...

MAURICE, timidement.

Demain, mon oncle ?

LE MARQUIS.

Tu préférerais que ce fût ce soir même, toi ? Voyons, je ne puis cependant pas... en plein bal... au milieu de la foule des invités... Et les usages, et l'étiquette, qu'en fais-tu ?

GENEVIÈVE.

C'est si loin demain...

LE MARQUIS.

Comment, vous aussi ? — Oh ! ces amoureux ! Eh bien, puisque vous le voulez, je vais essayer d'approcher monsieur et madame Dumont, de les prendre à l'écart et de... Après tout, ils doivent savoir que les anciens soldats ont l'habitude d'enlever un peu tout à l'assaut, même les mariages — ils m'excuseront. — Allons, c'est dit : Attendez-moi dans ce salon et en m'attendant, mes enfants, priez... priez pour vous.

Il sort par le fond.

SCÈNE XV

LES MÊMES, moins LE MARQUIS.

MAURICE.

Ma chère Geneviève !

GENEVIÈVE, très émue.

Maurice !

MAURICE.

Vous pleurez ?

GENEVIÈVE.

Je suis si heureuse.

MAURICE.

Geneviève !

GENEVIÈVE.

Si vous saviez combien j'ai souffert pendant votre absence et combien longs m'ont paru les jours : pardonnez-moi, mais j'avais peur que, loin de moi, vous ne pensiez plus à moi.

MAURICE.

Geneviève !

GENEVIÈVE.

A moi qui ne pensais qu'à vous, à moi qui répétais sans cesse, comme une prière, les paroles que vous m'aviez dites en me quittant, à moi dont toute la vie est en vous et à vous, à moi enfin qui serais morte si vous n'étiez pas revenu.

MAURICE.

Avez-vous donc un instant douté de moi, douté de mon amour?

GENEVIÈVE.

Non, Maurice, non, mais il me semblait parfois que j'avais fait un rêve, que je n'avais reçu de vous aucun aveu, aucun serment et que j'étais seule... à vous aimer.

MAURICE.

Non, ce n'est pas un rêve et c'est bien moi qui suis là, près de vous ; moi, qui suis revenu pour ne plus vous quitter ; moi, qui vous jure encore une fois que je vous aime, que je vous adore et pour toute la vie.

GENEVIÈVE.

Pour toute la vie !

SCÈNE XVI

LES MÊMES, LE MARQUIS, ROBERT, JEANNE.

LE MARQUIS, montrant Maurice et Geneviève.

Tenez, voici les coupables !

JEANNE, embrassant Geneviève.

Ma chère Geneviève !

ROBERT, serrant la main de Maurice.

Mon cher ami !

MAURICE, d'une voix hésitante.

Mon oncle, avez-vous tenu votre promesse et puis-je, maintenant, puis-je espérer?...

LE MARQUIS.

Tu peux... tu peux être content de moi.

MAURICE, avec joie.

Mon oncle ! (Serrant la main de Robert.) Monsieur !

ROBERT.

Nous voudrions, madame Dumont et moi, pouvoir
vous dire, monsieur le marquis... (A Maurice.) et à vous,
aussi, monsieur, combien nous sommes heureux, combien nous sommes fiers de...

LE MARQUIS.

Vous nous direz cela plus tard.

JEANNE.

Allons retrouver nos invités, Geneviève, et leur faire
part à tous de... Votre bras, marquis.

LE MARQUIS, offrant son bras à Jeanne.

Madame...

Maurice offre son bras à Geneviève.

Le marquis, Maurice, Jeanne et Geneviève sortent par le fond.
Robert qui les suit redescend en scène en voyant entrer Faverny.

SCÈNE XVII

ROBERT, FAVERNY, puis HORTENSE, puis GENEVIÈVE.

ROBERT, gaîment.

Tu arrives à propos. J'ai une grande nouvelle à t'annoncer.

FAVERNY.

Laquelle ?

ROBERT.

Devine.

FAVERNY.

Comment veux-tu que je devine?

ROBERT.

Je marie Geneviève.

FAVERNY.

Avec qui?

ROBERT.

Devine encore.

FAVERNY.

Est-ce que je sais, moi?

ROBERT.

Avec le duc d'Angerville.

Hortense paraît au fond.

FAVERNY.

Avec le duc! Bravo, mon cher, bravo: ses millions
sont à nous.

HORTENSE, à part.

Pas encore. (Descendant en scène.) Mes compliments, mon
cher Dumont, je viens d'apprendre...

ROBERT.

Vous êtes charmante.

GENEVIÈVE, au fond.

Robert, plusieurs de nos invités se retirent et Jeanne te
prie de...

ROBERT, remontant la scène.

J'y vais.

FAVERNY, même jeu.

Madame, mademoiselle...

Il salue Geneviève et Hortense et sort avec Robert.

SCÈNE XVIII

HORTENSE, GENEVIÈVE.

GENEVIÈVE, à Hortense qui remonte la scène.

Eh bien, vous partez ainsi, sans rien me dire ?

HORTENSE.

Je voudrais, ma chère enfant, m'associer à la joie de tous vos amis, mais je ne m'en sens pas le courage.

GENEVIÈVE.

Que voulez-vous dire ?

HORTENSE.

Rien, rien, il vaut mieux que je me taise.

GENEVIÈVE.

Ah! vous venez déjà de m'en trop dire pour vous taire : parlez !

HORTENSE.

Non; si je parle, vous m'en voudrez toute votre vie.

GENEVIÈVE.

De grâce, vous me faites mourir: expliquez-vous.

HORTENSE.

Puisque vous l'exigez, je parlerai donc. Vous savez, ma chère enfant, combien je vous aime, combien j'estime votre caractère, votre loyauté, votre délicatesse, vous ne vous étonnerez donc pas si je me révolte à la pensée que l'on veut vous rendre complice d'une manœuvre que vous désapprouveriez hautement si vous la connaissiez.

GENEVIÈVE.

Une manœuvre ?

HORTENSE.

Tout d'abord, j'ai opposé aux bruits qui circulent en ce moment dans le salon même de votre frère, la plus complète incrédulité, les mettant sur le compte de la malveillance ; malheureusement, j'ai dû me convaincre qu'ils n'étaient que trop bien fondés.

GENEVIÈVE.

Je ne vous comprends pas.

HORTENSE.

Je vais me faire comprendre : Votre frère est à la veille de sa ruine et cherchait depuis huit jours, — j'ai des renseignements précis — un moyen d'échapper à la faillite, à la banqueroute même, lorsque M. d'Angerville lui a demandé votre main, c'est le salut.

GENEVIÈVE.

Le salut ?

HORTENSE.

Evidemment. Votre fiancé est riche et maintenant votre frère compte sur lui pour...

GENEVIÈVE.

Vous oubliez que je suis riche moi-même et...

HORTENSE.

Ma chère enfant, si votre fortune existait encore, je ne vous dirais pas...

GENEVIÈVE, tressaillant.

Vous avez dit ?... (Accablée.) Ah ! malheureuse !

Elle tombe sur un siège.

HORTENSE.

Voyons, Geneviève, ne vous émotionnez pas ainsi. D'abord, rien n'est perdu : M. d'Angerville vous adore et il est certain qu'il ne regardera pas à une misérable somme d'argent... l'important est qu'il n'en arrive jamais à vous supposer d'accord avec votre frère...

GENEVIÈVE, d'une voix sourde.

Malheureuse !

HORTENSE.

Ah ! tenez, j'ai presque regret de vous avoir...

GENEVIÈVE.

Vous avez bien fait, au contraire, et je vous remercie;

HORTENSE.

Croyez bien...

GENEVIÈVE, se levant.

Adieu, baronne, adieu.

HORTENSE, après un moment d'hésitation.

Tant pis, je me venge.

Elle remonte la scène.

Robert, le marquis, Maurice, Jeanne, mesdames de Nancy et de Solanges paraissent au fond ainsi que tous les invités.

SCÈNE XIX

GENEVIÈVE et HORTENSE en scène, ROBERT, LE MARQUIS, MAURICE, JEANNE, MESDAMES DE MONTDORÉ, DE NANCY, et DE SOLANGES et Tous Les Invités au fond.

MAURICE.

Mon oncle, je vais dire qu'on fasse avancer notre voiture.

Il sort.

ROBERT, reconduisant deux dames.

Bonsoir, mesdames, bonsoir.

MADAME DE SOLANGES, riant.

Vous pourriez presque dire bonjour.

LE MARQUIS, saluant Jeanne.

Madame...

JEANNE.

C'est partir trop tôt.

HORTENSE, remontant près de Jeanne.

Savez-vous où est mon mari ?

JEANNE.

Il vous cherche.

HORTENSE.

Merci. (A part, en regardant Geneviève.) Tant pis !

Elle sort.

ROBERT, au marquis.

Alors c'est entendu, marquis, vous viendrez demain à onze heures, à mon bureau ?

LE MARQUIS.

C'est entendu, à demain.

GENEVIÈVE, à part.

Demain!

LE MARQUIS.

Bonsoir.

Il sort.

ROBERT et JEANNE, et TOUS LES AUTRES PERSONNAGES.

Bonsoir, bonsoir.

GENEVIÈVE, qui est restée seule et comme pétrifiée à l'avant-scène.

Demain !

Pendant que le rideau tombe, on entend les premières mesures d'une valse et tous les personnages en scène se mettent à danser.

ACTE QUATRIÈME

Même décor qu'au second acte : au lever du rideau, François et Bibi dorment chacun dans un coin, ayant le premier, un balai entre les jambes, et le second, un plumeau dans la main et une cigarette éteinte à la bouche.

———

SCÈNE PREMIÈRE

FRANÇOIS, BIBI, RONCHON.

RONCHON, entrant par le fond et apercevant François et Bibi.

Comment, ils dorment!... C'est trop fort. (Secouant François et Bibi.) Ah! cela, messieurs, est-ce une heure normale pour dormir et prenez-vous les bureaux de la Banque de l'Univers pour un dortoir ?

FRANÇOIS, s'éveillant.

Dam! quand on a passé la nuit...

BIBI, bâillant.

On est vanné.

RONCHON.

J'ai passé la nuit comme vous, et, comme vous, je me laisserais volontiers aller aux douceurs du sommeil si l'amour du devoir ne primait pas chez moi le besoin que je puis avoir de dormir.

BIBI, à part.

Ah! j' te vas gommer l' bulletin.

RONCHON.

Les employés sont-ils arrivés?

FRANÇOIS.

Quelques-uns, monsieur Ronchon.

RONCHON.

Quelques-uns ? et les autres?

BIBI, au fond.

Les voilà qui s'amènent.

SCÈNE II

FRANÇOIS, BIBI, RONCHON, PROSPER, JULES,
AMÉDÉE.

RONCHON.

Ainsi, il est entendu, messieurs, que vous n'arriverez jamais à l'heure?

JULES.

Permettez, nous avons passé la nuit.

AMÉDÉE.

Et pas pour notre plaisir encore.

PROSPER, à part.

Ah ! non, alors.

AMÉDÉE.

Puis, pour ce que nous tenons à la boîte...

RONCHON.

A la boîte?

JULES.

Avec ça que vous ne savez pas que ça va mal.

RONCHON.

Mais...

PROSPER.

Et qu'il y a eu au moins cinq ou six plaintes déposées contre nous depuis le commencement de la semaine.,

FRANÇOIS, à part.

Tiens ! tiens !

RONCHON.

Je sais tout cela, mais je sais aussi que grâce à un événement, aussi heureux qu'imprévu, survenu cette nuit même dans les salons de M. Dumont, la maison va prendre un nouvel essor et comptera avant peu parmi les meilleures de la place.

FRANÇOIS, à part.

Ah ! bah !

PROSPER.

Quel événement ?

RONCHON.

Si vous n'aviez pas quitté si tôt la soirée, vous le sauriez.

JULES.

On a trouvé des capitaux ?

RONCHON.

On a trouvé... on a trouvé... (Changeant de ton.) Je n'ai pas mission de vous rien dire ; sachez seulement que si j'avais prévu qu'une catastrophe fût probable, j'aurais déjà donné ma démission.

AMÉDÉE.

C'est ce que nous demandons.

RONCHON.

Que je donne...

AMÉDÉE, vivement.

Non, que la maison...

PROSPER, continuant.

Marche bien !

RONCHON.

A la bonne heure!

JULES.

Dites donc, monsieur Ronchon, pensez-vous que si l'on demandait une petite...

PROSPER et AMÉDÉE, se rapprochant.

Augmentation.

FRANÇOIS, même jeu.

Pour moi.

BIBI, même jeu.

Et Bibi?

RONCHON.

Augmentation ! Augmentation !... Nous n'avez que ce mot à la bouche ! D'abord il y a très peu de temps que j'en ai demandé... pour moi, et puis, voyons, vous gagnez déjà cent vingt-cinq francs par mois, or, il me semble qu'avec de l'ordre, de l'économie...

PROSPER, entre ses dents.

Une ceinture.

JULES, même jeu.

Et une brosse.

AMÉDÉE, même jeu.

De chiendent.

BIBI, qui est remonté.

V'là le singe !

RONCHON, effrayé.

Un singe! Où ça?...

8

BIBI, tout penaud.

Pardon, j'ai voulu dire : M. Dumont.

RONCHON, rassuré.

Cet enfant finira mal. (Changeant de ton.) Vite, messieurs,
à vos postes.

Amédée et Jules entrent dans les bureaux à droite.

PROSPER, à la porte.

Oui, mais vous penserez à ce que...

RONCHON, le poussant.

Oui, oui, nous verrons cela.

Prosper disparaît.

SCÈNE III

FRANÇOIS, BIBI, RONCHON, ROBERT.

ROBERT, entrant vivement.

Rien de nouveau, monsieur Ronchon ?

RONCHON.

Je ne pense pas, monsieur le directeur, je ne fais que
d'arriver, et...

ROBERT.

C'est bien.

RONCHON.

Monsieur le directeur n'a rien à me...

ROBERT.

Je vous appellerai...

RONCHON.

Bien, monsieur le directeur.

Il entre dans les bureaux à droite.

ROBERT, à François.

Il n'est venu personne de la maison Duvauchel?

FRANÇOIS.

Personne!

ROBERT.

Quelle heure est-il?

FRANÇOIS.

Neuf heures et demie!

ROBERT.

Bien.

Il entre dans son cabinet à gauche.

FRANÇOIS, donnant le balai et le plumeau à Bibi.

Va ranger ça.

Bibi sort.

SCÈNE IV

FRANÇOIS, ROBERT, FAVERNY, RONCHON, dans sa caisse,
puis BIBI.

FAVERNY, entrant vivement par le fond.

M. Dumont?...

FRANÇOIS.

Dans son cabinet.

FAVERNY.

Seul?

FRANÇOIS.

Oui, monsieur.

FAVERNY, entrant dans le cabinet.

Bonjour.

ROBERT, lui serrant la main.

Comment va ?

FAVERNY, même jeu.

Bien, merci... Duvauchel ?... Quelles nouvelles ? bonnes ?... mauvaises ?

ROBERT.

Rien encore...

FAVERNY, s'asseyant.

Rien ?... Diable !

ROBERT.

Il n'est que neuf heures et demie, il n'y a pas de temps de perdu... Craindrais-tu que...

FAVERNY.

Il vaut quelquefois mieux craindre trop qu'espérer un peu...

    Bibi, entrant par le fond gauche, remet une lettre à François et sort.

ROBERT.

Duvauchel a promis et il tiendra sa promesse.

FRANÇOIS, entrant dans le cabinet.

Une lettre pour monsieur.

    Il remet la lettre à Robert et sort du cabinet.

FAVERNY.

De Duvauchel ?

ROBERT.

Oui.

FAVERNY.

Lis.

ROBERT, lisant.

« Mon cher confrère.— Je ne puis, à mon grand regret,
» vous rendre le service que vous m'avez demandé cette
» nuit : j'apprends ce matin seulement la déconfiture du

» Crédit des Deux-Mondes, et cette catastrophe qui, mo-
» mentanément me jette en un grand embarras, me prive
» du plaisir de vous être agréable... croyez à tous mes...
» DUVAUCHEL. »

FAVERNY.

Là, que te disais-je?

ROBERT.

Il ne nous reste plus qu'un espoir . le marquis.

FAVERNY.

Le marquis?

ROBERT, continuant.

Qui doit m'apporter ce matin même à onze heures une
somme assez considérable dont il veut me charger d'opérer le placement...

FAVERNY.

Et cette somme?

ROBERT.

J'en ignore le montant.

FAVERNY.

Tant pis !...

ROBERT.

Il m'en apportera toujours assez pour satisfaire les plus
récalcitrants; quant aux autres, je saurai bien leur demander...

FAVERNY.

Quoi?

ROBERT.

Du temps, parbleu...

FAVERNY.

Malheureux... que dis-tu là?... Demander du temps à
tes créanciers, du temps aux actionnaires des mines d'or
de la Savane pour leur payer leur dividende!... mais c'est

8.

leur avouer que tu es à la côte, que tu es acculé, enfin que tu es perdu.

ROBERT.

Que faire alors?

FAVERNY.

Que faire?... Leur demander de l'argent, de l'argent quand même, de l'argent encore, de l'argent toujours.

ROBERT.

C'est facile à dire.

FAVERNY.

Et facile à faire.

RONCHON, dans son bureau.

Qui est-ce qui m'a pris ma gomme?

ROBERT, avec découragement.

Ah! pourquoi faut-il que j'aie suivi tes conseils?

FAVERNY.

Bon!... des reproches à présent.

ROBERT.

Enfin, quel est ton avis? Que faut-il que je fasse?

FAVERNY.

Moi, à ta place, je déclarerais nettement à mes action-naires que je suis dans l'impossibilité absolue de les payer... Avec l'argent que va t'apporter le marquis, je fermerais la bouche aux plus turbulents, je ferais des pro-messes à ceux qui ne se plaindraient qu'à demi et je tâ-cherais d'arracher quelque menue monnaie à ceux qui ne se plaindraient pas du tout... J'éviterais ainsi que ma maison fût par trop discréditée avant l'époque où made-moiselle Dumont deviendra madame d'Angerville, c'est-à-dire avant l'époque bénie où les millions du duc tom-beront dans la caisse de la banque de l'Univers... Après, vogue la galère!

ROBERT, à mi-voix.

Pour les galères.

FAVERNY.

Ah ça! est-ce qu'au moment d'entrer dans le port, tu reculerais?

On entend un léger brouhaha au dehors.

ROBERT.

Reculer! Tu sais bien que si je le voulais, je ne le pourrais pas. (A part.) Il n'est plus temps, hélas!

François qui était remonté dans le fond en entendant le bruit extérieur redescend et frappe à la porte du cabinet de Robert.

ROBERT.

Entrez!

FRANÇOIS, ouvrant la porte.

Monsieur, il est dix heures, faut-il ouvrir?

ROBERT.

Un instant!... Appelez M. Ronchon.

FRANÇOIS, dans le hall.

Monsieur Ronchon, M. le directeur vous demande.

RONCHON, sortant de son bureau.

Me voici.

Il entre dans le cabinet de Robert.

ROBERT.

Combien avez-vous en caisse, monsieur Ronchon?

RONCHON.

Cinq mille francs environ, monsieur le directeur.

ROBERT.

Nous attendons des fonds, cependant je vous rappelle, monsieur Ronchon, que notre situation est en ce moment des plus délicates, et que nous avons compté pour conjurer le danger qui nous menace, sur votre zèle et votre intelligence.

RONCHON.

Monsieur le directeur n'ignore pas que j'ai travaillé dans plusieurs maisons similaires.

ROBERT, sans l'entendre.

Recevez les clients, tâchez de les faire patienter, apaisez-les, calmez-les et envoyez-moi ceux qui vous paraîtront ne vouloir pas entendre raison. Allez, et dites à François d'ouvrir les portes.

RONCHON.

De suite. (Il sort du cabinet.) Ouvrez, François !

Il rentre dans son bureau.

FAVERNY.

Et maintenant du sang-froid.

ROBERT.

J'en aurai.

Les clients entrent tumultueusement et vont au guichet de Ronchon.

SCÈNE V

LES MÊMES, LES SOUSCRIPTEURS.

FRANÇOIS.

Ne nous pressons pas, messieurs, s'il vous plaît.

UNE VOIX.

A la queue !

RONCHON, à un souscripteur.

Croyez bien qu'il n'y a nullement de la faute de l'administration...

Rumeurs dans le public.

ROBERT, écoutant.

Ce bruit !

FAVERNY.

Nos clients sans doute qui chantent nos louanges.

ROBERT, collant son oreille à la porte.

Écoute.

RONCHON, parlant au milieu du tapage général.

Voyons, messieurs, du calme. Si nous parlons tous à la fois, nous ne nous entendrons pas, et nous ne ferons rien de bon. Laissez-moi vous expliquer : il s'agit d'un retard, d'un léger retard survenu...

PLUSIEURS VOIX.

Notre argent ! notre argent !

FAVERNY, à part.

Ça chauffe.

RONCHON, criant.

Mais nous ne l'avons pas votre argent, puisque je vous dis qu'il est en route.

PLUSIEURS VOIX.

Connu !... Canailles !... Voleurs !

Murmures.

ROBERT, écoutant toujours.

Ah ! c'est épouvantable !

FAVERNY.

Affaire d'habitude.

RONCHON, criant plus fort.

Messieurs, écoutez-moi.

PREMIER SOUSCRIPTEUR.

Je vais chez le commissaire !

DEUXIÈME SOUSCRIPTEUR.

Moi aussi...

TROISIÈME SOUSCRIPTEUR.

Moi aussi..

Trois souscripteurs se détachent de la foule et sortent en gesticulant par le fond.

RONCHON.

Messieurs, je vous répète...

UNE VOIX.

Notre argent!

PLUSIEURS VOIX.

Oui, oui.

ROBERT.

Dieu! Si le marquis arrivait dans un moment pareil!
Je vais dire à François qu'on guette son arrivée et qu'on
le fasse entrer par cette porte.

*Il sort par la porte du fond du cabinet, va parler à François qui
est au fond du hall, puis disparaît.*

RONCHON.

Si l'on ne fait pas silence, je ferme le guichet. (Murmures.)
Que chacun de vous passe à son tour et je donnerai à
chacun de vous les explications qu'il me demandera.

Madame Moutonnet, en grand deuil, paraît au fond du hall.

SCÈNE VI

LES MÊMES, moins ROBERT ; MADAME MOUTONNET.

MADAME MOUTONNET, à François.

M. le directeur, s'il vous plaît?

FRANÇOIS, ouvrant la porte du cabinet.

Si vous voulez entrer...

Il introduit madame Moutonnet dans le cabinet.

MADAME MOUTONNET, à Faverny.

Bonjour, monsieur : vous ne me reconnaissez pas?

FAVERNY, qui ne la reconnaît pas.

Pardon, madame, je...

RONCHON, à un client.

Mais certainement, monsieur, nous payons tous les autres coupons... Nous disons : trois coupons Ville 71.

MADAME MOUTONNET.

Madame Moutonnet, monsieur.

FAVERNY.

Ah! parfaitement, madame, parfaitement, et comment va ce cher monsieur Moutonnet ?

MADAME MOUTONNET.

Hélas! monsieur, il y aura huit jours demain que le pauvre homme.... Ah! il a bien souffert, allez.

Elle cache sa figure dans son mouchoir.

RONCHON, au même client.

Dix-huit soixante-quinze.

FAVERNY.

En effet, j'aurais dû voir que... Pardon !..

RONCHON, au même client.

Moins vingt-cinq: dix-huit cinquante.

MADAME MOUTONNET, s'essuyant les yeux.

Enfin, dans mon malheur, ce qui me console, c'est que le pauvre homme a eu le temps d'être administré avant de mourir, au moins comme ça... (Après un soupir et changeant de ton.) C'est aujourd'hui qu'on touche les petits coupons, n'est-ce pas, monsieur ?

RONCHON, au même client.

Signez.

Le client signe et sort.

FAVERNY.

Oui, madame, oui, combien avez-vous d'actions?

MADAME MOUTONNET.

Dix, monsieur.

RONCHON, à un client.

Mais, monsieur, nous attendons les fonds d'un moment à l'autre.

FAVERNY.

Il est bien regrettable que vous n'en ayez acheté que dix, madame.

MADAME MOUTONNET.

C'est ma faute... J'ai encore deux mille francs que mon pauvre mari voulait... c'est moi qui n'ai pas voulu... (Pleurant.) Et pourtant, le pauvre homme avait bien du flair pour toutes ces choses-là.

Elle cache de nouveau sa figure dans son mouchoir.

RONCHON, au même client.

Revenez demain, monsieur, et j'espère...

SCÈNE VII

LES MÊMES, CHIGNOLLES.

CHIGNOLLES.

Par où est-ce qu'on... (Allant au guichet.) Ah ! c'est là ?

RONCHON, au même client.

Au revoir !

Le client sort.

CHIGNOLLES, à Ronchon.

Dites-moi, jeune homme...

PLUSIEURS VOIX.

A la queue !...

CHIGNOLLES, à Ronchon, en lui présentant des coupons.

Je vous apporte mes petits...

PLUSIEURS VOIX.

A la queue ! A la queue !

MADAME MOUTONNET, s'essuyant les yeux.

Voici mes coupons.

Elle les compte.

CHIGNOLLES.

Hein ? comment ? Vousdites ? (Elevant la voix.) On ne paie pas, vous ne payez pas les coupons de votre machine ? Ah ! ça, votre boutique c'est pas une boutique, c'est une caverne de voleurs.

PLUSIEURS VOIX.

Oui, oui, bravo !

FAVERNY, à part, en regardant par la serrure.

Diable ! en voilà un qui va tout gâter.

MADAME MOUTONNET, se levant.

Alors vous croyez que j'aurais bien fait d'acheter encore avec ces deux mille francs-là des actions de...

CHIGNOLLES, allant et venant.

Ah ! on ne paie pas. Eh ! bien, nous allons voir.

FAVERNY, à mi-voix.

Se taira-t-il ? (Haut.) Je ne le crois pas, madame, j'en suis sûr.

MADAME MOUTONNET, sortant deux billets de mille francs de son sac.

Je les ai sur moi ces deux mille francs et si je savais...

FAVERNY, prenant les billets.

C'est une bonne idée que vous avez eue de les apporter, la hausse est certaine et... (S'asseyant au bureau de Robert.) et je vais vous inscrire. (Ecrivant.) Nous disons quatre actions.

MADAME MOUTONNET.

Pardon, mais...

9

CHIGNOLLES, avec force.

D'abord, je ne partirai pas d'ici sans être payé.

UNE VOIX.

Moi non plus.

FAVERNY, se levant.

Voilà qui est fait. Pour vos coupons, revenez dans quelques jours, il y a tellement de monde aujourd'hui que... (La poussant vers le fond.) Par ici.

CHIGNOLLES, se promenant toujours.

Je m'appelle Mathurin Chignolles et on le verra bien...

MADAME MOUTONNET, au fond.

Cependant...

FAVERNY, lui donnant un reçu et lui ouvrant la porte du fond.

Voici votre reçu. Au revoir, madame Moutonnet, au revoir !

MADAME MOUTONNET.

J'aurais voulu...

FAVERNY, la faisant partir.

Et à bientôt.|

MADAME MOUTONNET.

Allons ! que le bon Dieu vous conserve.

Elle sort.

FAVERNY, seul.

A l'autre maintenant !

Il sort par la porte du fond.

SCÈNE VIII

LES MÊMES, moins MADAME MOUTONNET; ROBERT.

CHIGNOLLES.

Oui, Chignolles Mathurin, éleveur de bêtes à cornes...
et autres et pas plus bête que les bêtes qu'il élève. — Ah!
mais non, ah! mais non!

RONCHON, à Chignolles.

Dites donc, vous, là-bas, un peu moins de bruit, s'il
vous plaît.

Nouveaux murmures.

FAVERNY, à part, en entrant par le fond.

Il ne me connaît pas, je puis donc... (A Chignolles.) Pardon, monsieur, pourriez-vous me dire où je pourrais
m'adresser pour...

CHIGNOLLES, avec humeur.

Ici, là ou là-bas, c'est le même prix à tous les guichets,
on ne paie pas.

FAVERNY, froidement.

Qu'est-ce qu'on ne paie pas?

CHIGNOLLES.

Parbleu, les machines de la chose de la...

FAVERNY.

Savane?

CHIGNOLLES.

C'est ça... Ah! c'est du propre que leurs actions.

FAVERNY, sortant les deux billets de madame Moutonnet de sa poche.

Je viens cependant en acheter.

CHIGNOLLES.

Vous?

FAVERNY.

Moi !

RONCHON, à un client.

Dix centimes pour le timbre, s'il vous plaît.

Le client donne dix centimes et sort.

CHIGNOLLES.

Mais puisque je vous dis qu'on ne paie pas les coupons.

FAVERNY.

Que m'importe?

CHIGNOLLES, à mi-voix.

Alors, c'est donc pas mauvais?

FAVERNY.

Il faut croire.

CHIGNOLLES, même jeu.

Vous avez des renseignements?

FAVERNY.

Probablement.

CHIGNOLLES.

De source certaine?

FAVERNY.

Certaine.

CHIGNOLLES, même jeu.

Ça va monter, hein?

FAVERNY.

Peut-être.

CHIGNOLLES, même jeu.

Peut-être ou sûrement?

FAVERNY.

Sûrement!

CHIGNOLLES, même jeu.

Ah! mais alors, dites donc, j'ai bien envie de faire comme vous.

FAVERNY, allant au guichet de Ronchon.

A votre aise.

UNE VOIX.

A la queue!

CHIGNOLLES, à part.

Peut-être... sûrement... à votre... Y a pas, y a pas, faut que je sache ce que cet animal-là a dans le ventre.

Robert rentre dans son cabinet par la porte du fond.

FAVERNY, à Ronchon.

Oui, monsieur, cinq actions.

RONCHON.

Très bien.

FAVERNY.

Voici deux mille francs.

RONCHON.

Si monsieur veut signer son ordre d'achat.

CHIGNOLLES, à part, pendant que Faverny signe.

Si ça allait monter tout de même.

RONCHON.

Voici votre reçu, monsieur.

FAVERNY, bas, à Ronchon.

Combien en caisse?

RONCHON, même jeu.

A peine trois mille, avec ce que vous venez de me donner.

FAVERNY.

Bien. (A part.) C'est assez pour attendre l'arrivée du marquis.

Il remonte vers le fond.

CHIGNOLLES, le rappelant.

Dites donc, hé ! monsieur...

FAVERNY, se retournant.

Qu'y a-t-il ?

CHIGNOLLES.

Nous n'allons pas nous quitter comme ça sans prendre quelque chose ?

FAVERNY.

Comment ?

CHIGNOLLES.

Un verre de n'importe quoi, pour dire qu'on z'a trinqué ensemble, quoi.

FAVERNY.

Pardon, mais je ne vous connais pas.

CHIGNOLLES.

C'est justement pour faire connaissance que... (Prenant le bras de Faverny.) Allons, voyons, là, sur le pouce.

FAVERNY, feignant d'hésiter.

Mais...

CHIGNOLLES, insistant.

Sur le pouce.

FAVERNY.

Soit ! sur le pouce.

CHIGNOLLES, au public.

Je le tiens !

FAVERNY, qui a entendu.

Moi aussi.

Ils sortent tous deux par le fond. — Bibi paraît au fond et parle bas à François.

SCÈNE IX

ROBERT, FRANÇOIS, RONCHON, BIBI, Les Souscripteurs, puis CHIGNOLLES.

RONCHON, à un client.

Il n'y a aucune duperie, monsieur, il n'y a qu'un retard bien naturel.

Nouveaux murmures.

FRANÇOIS, à Bibi.

Je vais le dire à M. Ronchon. (Allant au guichet de Ronchon.) Monsieur, on demande le patron chez le commissaire.

RONCHON.

Chez le... c'est bien, je vais le prévenir.

FRANÇOIS, remontant.

Bien, monsieur.

Ronchon entre chez Robert.

ROBERT.

Qu'y a-t-il?

RONCHON.

On vous demande chez le commissaire, monsieur le directeur.

ROBERT, avec un léger mouvement d'effroi.

Chez le commissaire?...

RONCHON.

Plusieurs clients se sont retirés en menaçant de déposer une plainte contre nous, et, sans doute..

ROBERT, rentrant dans le hall avec Ronchon.

Cela suffit : j'y vais! (A François.) Où est M. Faverny?

Ronchon rentre dans son bureau.

FRANÇOIS.

Il vient de sortir, monsieur !

ROBERT.

Je reviens à l'instant : si M. de Rouvray se présentait pendant mon absence, priez-le de m'attendre... et comme je vous l'ai dit, faites-le entrer par cette porte.

Il indique la porte du fond.

FRANÇOIS.

Bien, monsieur.

Robert sort par le fond, et se croise en sortant avec Chignolles.

CHIGNOLLES, regardant s'éloigner Robert.

Tiens ! le directeur !... On dirait qu'il n'est plus décoré. (Au public.) Eh ! bien, je l'ai confessé... l'autre, il a des renseignements et il m'en a donné, et pourtant c'est pas un gaillard facile à faire jaser ! heureusement que je suis malin, sans ça...

Il va au guichet de Ronchon.

UNE VOIX.

A la queue !

François disparaît un instant derrière le cabinet.

CHIGNOLLES.

Voilà, voilà, j'ai fini. — Oui, sept actions, j'en achète sept... Ma signature ? Voilà, et puis l'argent avec. Au revoir. (En remontant.) Ah ! mais oui, je suis malin. Ah ! mais oui, ah ! mais oui.

Il sort par le fond.

SCÈNE X

RONCHON, FRANÇOIS, BIBI, Les Souscripteurs, LE MARQUIS, puis GENEVIÈVE.

FRANÇOIS, ouvrant la porte du fond du cabinet de Robert et faisant entrer le marquis

M. Dumont va revenir dans un instant, monsieur le marquis.

LE MARQUIS.

C'est bien.

Il se promène dans le cabinet. François rentre dans le hall par la porte qui est au premier plan.

RONCHON, à un client.

Dès que nous aurons reçu les fonds nécessaires...

Nouveaux murmures.

GENEVIÈVE, entrant vivement par le fond.

Ces cris, ces murmures !... Hortense ne m'a pas trompée. (A François.) Mon frère ?

FRANÇOIS.

Si vous voulez entrer dans son cabinet, mademoiselle, il ne tardera pas.

GENEVIÈVE.

Bien.

Elle entre dans le cabinet.

LE MARQUIS, surpris.

Vous, mademoiselle !

GENEVIÈVE, reculant.

M. de Rouvray !

LE MARQUIS.

Je vous ai fait peur ?

GENEVIÈVE, d'une voix entrecoupée.

Oui... Je ne m'attendais pas... et cependant c'est pour vous voir que je suis venue.

LE MARQUIS, étonné.

Pour me voir ?

GENEVIÈVE, même jeu.

Oui, pour vous voir... pour vous dire... (A part, en passant la main sur son front.) Ah'! mon Dieu. (Se remettant.) Pour vous dire que... que je renonce à l'honneur de... (Éclatant en sanglots.) que je ne peux pas... que je ne veux pas entrer dans votre famille.

9.

LE MARQUIS.

Vous ne pouvez pas... vous ne voulez pas... que dites-vous là ? Voyons, voyons, j'ai mal entendu.

GENEVIÈVE.

Non.

LE MARQUIS.

Vous refusez de...

GENEVIÈVE.

Oui.

LE MARQUIS.

Comment, vous, qui hier...

GENEVIÈVE.

Je ne savais pas hier ce que je sais aujourd'hui.

LE MARQUIS.

Ce que vous savez aujourd'hui ?

GENEVIÈVE.

Par pitié, ne m'interrogez pas.

LE MARQUIS.

Il le faut cependant, mademoiselle : vous devez comprendre que votre refus équivaut pour mon neveu à un affront que...

GENEVIÈVE, vivement.

M. d'Angerville est le plus noble et le plus parfait des gentilshommes et c'est pour cela que je ne puis plus être sa femme. (En pleurant.) Allez le retrouver, monsieur, et dites-lui ce que vous venez d'entendre, dites-lui surtout de m'oublier, dites-lui... dites-lui que je l'aimerai toujours (Se reprenant vivement.) Non, non, ne lui dites pas cela, dites-lui, au contraire, que je ne l'ai jamais aimé, que je me suis trompée sur mes véritables sentiments et que c'est là le motif....

LE MARQUIS.

Il ne me croira pas et voudra entendre lui-même de votre bouche...

GENEVIÈVE.

C'est juste, il ne vous croira pas, il voudra que ce soit moi...

LE MARQUIS.

Vous voyez bien qu'il vaut mieux me confier de suite la raison de votre refus.

GENEVIÈVE.

La raison?... Soit! je vais vous la dire. (A part.) Quelle honte! Sachez donc, monsieur, que ce mariage que j'accueillais avec tant de joie, n'était considéré par les miens que comme une heureuse spéculation.

LE MARQUIS.

Que dites-vous?

GENEVIÈVE, d'une voix rapide.

Je dis que la banque de l'Univers est à la veille de sa ruine et que l'on compte à cette heure sur la fortune de votre neveu pour échapper à la faillite, à la banqueroute même.

LE MARQUIS.

Les malheureux!

GENEVIÈVE.

Comprenez-vous à présent, comprenez-vous pourquoi je ne puis plus...

LE MARQUIS, se rapprochant de Geneviève.

Pauvre enfant!

GENEVIÈVE.

Ah! je vous en prie, maintenant que vous savez tout, partez, monsieur, partez. Mon frère peut revenir et je ne veux pas qu'il vous trouve ici.

LE MARQUIS.

Croyez bien...

ROBERT, paraissant au fond dans le hall et appelant.

François!

François, qui était à l'avant-scène, remonte vers lui.

GENEVIÈVE.

C'est lui ! Partez, monsieur, partez.

LE MARQUIS.

Mais...

GENEVIÈVE.

Adieu !... (Pleurant.) Adieu !...

LE MARQUIS, remontant vers le fond et se retournant.

Ah ! pauvre petite !

Il sort par le fond.

FRANÇOIS, à Robert.

Il est dans votre cabinet avec mademoiselle Geneviève.

ROBERT, à part.

Avec Geneviève ?

Il entre dans le cabinet.

SCÈNE XI

LES MÊMES, moins LE MARQUIS ; ROBERT.

ROBERT.

Toi ?

GENEVIÈVE, avec calme.

Oui, moi.

ROBERT, cherchant autour de lui.

Et... M. de Rouvray ?

GENEVIÈVE.

Parti.

ROBERT, surpris.

Parti ?

GENEVIÈVE.

Je l'ai renvoyé pour rester seule avec toi.

ROBERT, la regardant avec inquiétude.

Avec moi?

GENEVIÈVE.

Avec toi.

ROBERT.

Qu'y a-t-il donc?

GENEVIÈVE.

J'ai un mot à te dire.

ROBERT, surpris.

Un mot.

GENEVIÈVE, froidement.

Rien qu'un mot. (Marchant sur lui.) Voleur!

ROBERT, tressaillant.

Geneviève!

GENEVIÈVE.

Voleur! voleur!! voleur!!!

ROBERT.

Voleur, moi?

GENEVIÈVE.

Oui, voleur!!! — Va, ne crains rien, je ne viens pas te demander de quel droit tu as disposé de ma fortune : tu n'avais qu'un mot à dire et je te l'aurais abandonnée tout entière, si tu l'avais voulu.— Non! je ne te demande pas cela, ce que je te demande : — c'est de quel droit, — après m'avoir dépouillée de ce qui m'appartenait, — tu me voles aujourd'hui mon bonheur?

ROBERT.

Ton bonheur?

GENEVIÈVE.

Oui, mon bonheur et toute ma vie que tu viens de briser en un instant.

ROBERT, avec colère.

Mais quel est donc l'infâme qui...

GENEVIÈVE.

Ne cherche pas à savoir qui m'a ouvert les yeux, — tu ne trouveras pas. Sache seulement que lorsque j'ai appris quelle honteuse spéculation tu voulais faire en me mariant à M. d'Angerville, je n'ai pas voulu consentir à mettre ma main dans la main qui m'était si loyalement tendue, et me faire ta complice en favorisant tes honteux projets. Si nous avons le même sang, vois-tu, nous n'avons pas la même âme... et la preuve, c'est que je viens de rendre au duc sa parole et qu'à cette heure il sait toute la vérité, — toute la vérité, — tu entends ?

ROBERT, avec rage.

Tu as fait cela ? tu as dit ?

GENEVIÈVE, montrant Robert au public, avec un geste de mépris.

Cela l'étonne !

ROBERT, d'une voix étranglée.

Ah ! réponds-moi... Qu'as-tu dit ?

GENEVIÈVE, avec calme.

La vérité.

ROBERT, saisissant un candélabre sur son bureau.

Misérable ! tiens !

Il brandit le flambeau au-dessus de Geneviève.

GENEVIÈVE, regardant son frère en face et voyant qu'il hésite à frapper.

Frappe... j'attends.

ROBERT, jetant le candélabre à terre avec fureur.

Ah!

Il sort en courant par la porte du fond.

GENEVIÈVE, après un temps.

Maurice! Maurice!! Maurice!!!

Elle éclate en sanglots et tombe à terre... Au bruit, Ronchon sort de sa caisse et se précipite avec François, Bibi et les clients, vers le cabinet.

ACTE CINQUIÈME

Un cabinet de travail très élégant dans l'hôtel de Robert. Porte au fond, de chaque côté de la porte un corps de bibliothèque. — Porte à droite, second plan; deux portes à gauche, premier et deuxième plan. Au milieu de la scène à gauche, un grand bureau surchargé de papiers; meubles divers. — Au lever du rideau, Jeanne assise au bureau, achève de relire une lettre qu'elle vient d'écrire.

SCÈNE PREMIÈRE

JEANNE, puis ANTOINE.

JEANNE, lisant.

... L'effet de ces bouillonnés est désastreux et je tiens absolument à ce que vous les remplaciez par de gros plis droits terminés en bas par des crevés de satin même nuance. Quant au corsage de mon dernier costume, je ne me sens décidément pas dedans et ne puis parvenir à l'habiter. Je crois cependant qu'en repinçant un des petits côtés, peut-être les deux, tout ira bien. Envoyez-moi de suite une de ces dames et livrez-moi au plus tôt ma robe de moire et mon costume de velours, car je n'ai absolument rien à me mettre. Jeanne Dumont. — (Pliant la lettre, puis la rouvrant.) Ah ! (Elle écrit.) Si vous avez de nouveaux modèles, prévenez-moi.

Elle cachète et écrit l'adresse. Antoine entre par le fond, portant une magnifique corbeille de fleurs blanches.

ANTOINE, au fond.

Madame...

JEANNE, sans se retourner.

C'est vous, Antoine? (Tendant la lettre.) A déposer chez mon couturier.

ANTOINE, s'avançant et prenant la lettre.

Bien, madame.

Il pose la corbeille sur le bureau.

JEANNE, admirant les fleurs.

Oh! la jolie corbeille! (A Antoine.) De quelle part?

ANTOINE.

De la part de M. d'Angerville, pour mademoiselle Geneviève.

JEANNE, d'un ton approbatif.

Ah! (Changeant de ton.) Eh! bien, portez-la de suite à mademoiselle.

ANTOINE.

Mademoiselle est sortie, madame.

JEANNE, surprise.

Sortie?

ANTOINE.

A peu près depuis une heure.

JEANNE.

Seule?

ANTOINE.

Seule.

JEANNE, à part.

C'est étonnant. (A Antoine.) Alors, portez ces fleurs dans le grand salon et allez où je vous ai dit. (Le rappelant.) Ah! vous passerez ensuite à la banque et vous remettrez cette facture à mon mari qui la paiera.

Elle lui remet une facture.

ANTOINE, prenant la corbeille et la facture.

Bien, madame.

Il sort par la porte de gauche premier plan.

JEANNE, seule.

Sortie... dès le matin... après une nuit de bal... seule...
Où peut-elle bien être allée ?

Elle sort par la droite.

SCÈNE II

ROBERT.

ROBERT, entrant précipitamment, va et vient fiévreusement pendant
quelques instants dans le cabinet, puis s'assied accablé.

Perdu !... Je suis perdu !! (Avec un geste de désespoir.) Ah !
(Il cache un instant sa tête dans ses mains.) Sauvés !... Nous
allions être sauvés et c'est un des miens, c'est Geneviève,
c'est ma propre sœur qui... (Pleurant.) Ah ! Geneviève,
Geneviève ! (Après une pause.) Voleur !... moi ! (Après un
temps.) Eh bien, oui, voleur. (Se levant.) Elle a raison, elle
a dit vrai, je suis un voleur et ce n'est pas elle que je
dois accuser, c'est moi, moi et ce misérable, ce Faverny,
ce... (Avec désespoir.) Ah ! quel démon me l'a fait rencontrer ! (S'asseyant et changeant de ton.) Comme il a fait de
moi ce qu'il a voulu et comme j'ai été lâche, moi. (Après
un temps.) Oui, lâche !... car l'abîme vers lequel il m'en-
traînait, je le voyais, et je n'ai eu ni la force ni la volonté, ni le courage de... (Avec désespoir.) Mais aussi ce
n'était pas pour moi que... (Montrant la porte de Jeanne à
droite.) C'était pour elle... (Pleurant.) C'était pour toi,
Jeanne ! (Allant jusqu'à la porte de Jeanne.) Ah ! tu me pardonneras, c'était pour toi... (Il s'appuie en pleurant sur la
porte et après un temps se redresse tout à coup.) Dieu ! quand
elle saura... (S'éloignant rapidement de la porte.) Que faire ?
oui, que faire ? Je ne sais pas, moi, je ne sais plus, je
suis là, je... (Changeant de ton.) Mais que fait-il donc, lui ?
Pourquoi ne vient-il pas ? (Avec colère.) C'est maintenant

pourtant que j'aurais besoin de ses conseils ! (Changeant
de ton.) Non, il vaut mieux qu'il ne vienne pas, car s'il
venait... (D'une voix sourde et menaçante.) Ah ! s'il venait ! ! !

Il tombe assis devant son bureau.

SCÈNE III

ROBERT, JEANNE.

JEANNE, entrant précipitamment.

Robert ! Robert !

ROBERT, se levant.

Jeanne !

JEANNE, d'une voix entrecoupée.

Geneviève ! On vient de ramener Geneviève évanouie,
sans connaissance, presque morte. (Montrant la porte de
gauche, deuxième plan). Là, dans sa chambre... on l'a rele-
vée... à terre... dans ton bureau... une crise épouvantable... et alors... (Changeant de ton.) Voyons, voyons, qu'y
a-t-il ? Que se passe-t-il ? Ah ! parle, parle, parle.

ROBERT, la faisant asseoir.

Remets-toi, je t'en prie.

JEANNE.

Oui, oui, mais dis-moi...

ROBERT.

Je vais tout te dire, mais avant, promets-moi de...

SCÈNE IV

LES MÊMES, FAVERNY.

FAVERNY, au fond.

Enfin ! Je te retrouve !

ROBERT, à part.

Lui !

JEANNE, se précipitant vers Faverny.

Ah ! monsieur Faverny !... Vous allez me dire la vérité, vous; vous allez me dire...

FAVERNY, vivement.

Madame, en ce moment, je ne puis rien vous dire, je ne puis que vous demander de réunir à la hâte quelques effets indispensables pour votre mari, car il faut qu'avant quelques instants, il ait quitté cette maison.

JEANNE.

Que dites-vous ?

FAVERNY.

Faites vite, madame, faites vite, chaque minute qui s'écoule est un siècle que nous perdons, et l'on peut venir arrêter votre mari d'un moment à l'autre.

JEANNE, épouvantée.

Mon mari ? Robert ?... l'arrêter... mais, je ne veux pas, je... oh ! je deviens folle... (Se précipitant vers son mari avec un cri.) Robert !

FAVERNY, avec impatience.

Madame !

JEANNE, à Robert, qui reste impassible.

Robert ! Voyons, parle-moi, réponds-moi, dis-moi que ce n'est pas vrai, que cet homme ment... (Etreignant son mari.) Robert, voyons, Robert, réponds-moi.

FAVERNY, arrachant Jeanne des bras de Robert et la conduisant vers la porte de droite, deuxième plan.

Mais allez donc, madame, allez donc !

Il la pousse dehors.

JEANNE, avec désespoir.

Robert !

SCÈNE V

ROBERT, FAVERNY.

FAVERNY, revenant vers Robert.

A nous deux maintenant.

ROBERT, impassible.

Oui, à nous deux.

FAVERNY.

Que s'est-il passé?... Je m'absente un instant avec un client... Je reviens, et au moment où j'arrive, une voiture emporte mademoiselle Dumont, évanouie, sans connaissance... me dit-on... D'un bond, je m'élance dans les bureaux... on me dit que tu n'es plus là, et au même moment apparaît le commissaire qui saisit les livres et procède à l'apposition des scellés sur les caisses. J'interroge, personne ne peut me répondre, on ne sait rien, on n'a rien vu, rien entendu. — Voyons, qu'est-il arrivé?... et d'abord, M. de Rouvray est-il venu?

ROBERT, avec calme.

Il est venu.

FAVERNY, avec impatience.

Et?...

ROBERT.

Et reparti après avoir appris de la bouche même de ma sœur l'usage que nous voulions faire de la fortune de son neveu et aussi... de la sienne plus tard.

FAVERNY, atterré.

Mademoiselle Dumont! Comment?... elle savait?... on lui a dit?... mais qui donc lui a appris?...

ROBERT.

Je l'ignore.

FAVERNY.

Elle savait... et elle a osé... et tu ne l'as pas...

ROBERT, l'interrompant.

Tuée ? Non. J'ai été bête, n'est-ce pas?... Peut-être que si tu avais été là...

FAVERNY, tressaillant.

Malheureux ! Que dis-tu ?

ROBERT, marchant sur Faverny.

Ce que je dis?... Mais regarde-moi donc dans les yeux et tu le sauras !... Ce que je dis? Écoute : Je dis que tu es un misérable, je dis que tu es un infâme, je dis... je dis que c'est toi qui m'as conduit là où je suis, toi qui m'as déshonoré, toi qui as fait de moi un faussaire, toi qui as fait de moi un voleur, toi enfin qui aurais fait de moi un assassin ! — si tu l'avais pu.

FAVERNY, s'asseyant.

Continue... tu m'amuses : néanmoins je te rappellerai que ce n'est pas précisément l'heure de faire des discours et que tu ferais mieux de songer à fuir.

ROBERT.

Fuir?

FAVERNY.

A moins que tu ne connaisses un autre moyen d'échapper à...

ROBERT, prenant un revolver sur son bureau.

J'en connais un.

FAVERNY.

Lequel?

ROBERT, mettant son revolver sous le nez de Faverny.

Celui-ci.

FAVERNY, très calme et écartant le revolver.

Pardon... (Après un temps.) Tu vas te... (Haussant les épaules.) C'est intelligent...

ROBERT.

Oui, je vais me tuer, mais avant je ne sais ce qui me retient de... (Changeant de ton.) Tiens ! va-t'en ! va-t'en ! va-t'en !

FAVERNY, remontant par le fond.

Je m'en vais... (Redescendant.) Cependant, si tu voulais m'en croire...

ROBERT, éclatant.

Mais ! va-t'en donc !

FAVERNY, remontant de nouveau.

Soit ! (Montrant Robert au public en sortant.) Pas né pour les affaires !

Il sort par le fond.

SCÈNE VI

ROBERT, puis ANTOINE.

ROBERT, seul.

Enfin !... Il était temps...

Il pose son revolver sur le bureau.

ANTOINE, entrant par la porte de gauche, premier plan.

Monsieur ! monsieur !

ROBERT, très calme.

Eh bien ! Qu'est-ce ?... Qu'y a-t-il ?

ANTOINE, essoufflé.

Je viens de la banque et votre caissier vous fait dire qu'une descente de police...

ROBERT.

Je le sais.

ANTOINE, d'une voix hésitante.

Et que d'ici quelques minutes on va venir pour..
pour...

ROBERT, l'interrompant.

M'arrêter?... C'est bien, laissez-moi.

ANTOINE.

Mais, monsieur...

ROBERT, d'un ton impératif.

Laissez-moi, vous dis-je...

ANTOINE, interdit.

Bien, monsieur.

Il sort par la gauche premier plan, en levant les bras au   el.

SCÈNE VII

ROBERT puis JEANNE.

ROBERT, seul.

Allons !...

Il s'assied à son bureau, écrit rapidement quelques mots, puis
prend son revolver, se lève et en place le canon sous son men-
ton après avoir jeté un regard suprême vers la porte de
Jeanne

JEANNE, paraissant à la porte de droite et poussant un grand cri.

Ah ! (S'élançant vers Robert.) Robert ! que fais-tu là ?...
(Cherchant à lui arracher son revolver.) Cette arme, donne-moi
cette arme. Ah ! je t'en conjure, donne-la moi.

ROBERT, la repoussant.

Non !

JEANNE, tombant aux genoux de Robert.

Aie pitié de moi, je t'en prie, aie pitié de moi !

ROBERT.

Il faut que je meure.

JEANNE, se relevant et lui mettant la main sur la bouche.

Ah ! tais-toi, ne dis pas cela, ne dis pas cela. Que veux-tu que je devienne, si... Ce serait horrible ! je ne suis pas coupable, moi, et... voyons, donne-moi cette arme...

Elle cherche de nouveau à lui prendre le revolver.

ROBERT, la repoussant.

Non, laisse-moi.

JEANNE, chancelante.

Mais c'est affreux ce que tu fais là, et tu vois bien que... je... je n'ai plus la force de... (Elle s'assied épuisée devant le bureau.) Ah ! mon Dieu ! mon Dieu !

ROBERT, s'élançant vers elle et lui prenant la main.

Jeanne !

JEANNE, d'une voix éteinte.

Ce n'est rien, ce n'est rien, je...

Ses yeux tombent sur la lettre que Robert vient d'écrire, elle la prend d'abord machinalement et la lit tout bas.

ROBERT, voulant lui prendre la lettre.

Non, ne lis pas cela.

JEANNE, descendant à l'avant-scène, et lisant la lettre d'une voix haletante.

« Je meurs, tu me pardonneras, car c'est pour que tu » sois riche et heureuse que j'ai... » (Laissant tomber la lettre.) Ah ! malheureuse !

ROBERT.

Jeanne !

JEANNE.

Oui, malheureuse et bien coupable. Oh ! oui, bien cou-

10

pable, et stupide, et folle, car c'est pour moi, c'est à cause de moi que... et je n'ai rien vu, rien deviné, non, je... Oh! folle! folle! folle! et aujourd'hui tu veux... (Eclatant en sanglots et se tordant les bras de désespoir.) Mais si quelqu'un doit mourir, ce n'est pas toi, Robert, c'est moi, c'est moi, c'est moi!

On entend frapper à la porte du fond.

ROBERT, à mi-voix.

Ecoute : on frappe.

JEANNE, effrayée.

Dieu! si c'était... (Saisissant le bras de Robert.) Pars, fuis, sauve-toi... (On entend frapper de nouveau.) Tiens, par ici.

Elle cherche à l'entraîner vers la gauche.

ROBERT, la repoussant avec force.

Non! Adieu!

Pendant que Jeanne s'en va tomber à gauche, sur les genoux, en poussant un cri et que Robert dirige de nouveau son arme contre lui, la porte du fond s'ouvre et laisse apparaître Maurice.

SCÈNE VIII

LES MÊMES, MAURICE, puis GENEVIÈVE, puis
LE MARQUIS.

JEANNE, à part, en se relevant.

Le duc!

ROBERT, reculant surpris.

Vous, monsieur, vous ici?

Il cache son revolver dans sa poche. Geneviève pâle et défaite, paraît à la porte de gauche deuxième plan, et écoute sans être vue des autres personnages.

MAURICE, d'une voix oppressée.

Oui, moi, qui viens d'apprendre le désastre qui vous menace et vous remercier d'avoir compté sur moi pour le conjurer.

ROBERT, abasourdi.

Pour le conjurer?... Vous avez dit !... Vous dites ?

MAURICE.

Je dis qu'à la veille d'entrer dans votre famille, j'eusse été cruellement peiné que vous vous fussiez adressé à un autre qu'à moi.

ROBERT.

Mais, monsieur le duc, vous ne savez donc pas...

MAURICE.

Je sais que mademoiselle Geneviève est plus que jamais digne de l'amour que j'ai pour elle et n'ai rien d'autre à savoir.

ROBERT.

Mais, M. de Rouvray ne vous a donc pas appris?

MAURICE, l'interrompant.

M. de Rouvray connaît mes intentions et les approuve.

ROBERT.

Mais il ignore et vous ignorez vous-même, qu'à cette heure, des poursuites sont entamées...

MAURICE, même jeu.

Mon oncle fait en ce moment le nécessaire pour les arrêter.

ROBERT, stupéfait.

Pour les arrêter?... est-il possible?...

MAURICE.

Geneviève?... Monsieur, où est Geneviève?... Je veux la voir, lui parler, lui dire... (Apercevant Geneviève.) Elle !... vous étiez là?

GENEVIÈVE, descendant en scène.

J'étais là et j'ai tout entendu.

MAURICE.

Vraiment ?... (Après un temps.) Et ?...

Le marquis paraît au fond et écoute sans être vu.

GENEVIÈVE, d'une voix ferme.

Je refuse.

Mouvement de Robert et de Jeanne.

MAURICE, d'une voix suppliante.

Geneviève !

GENEVIÈVE, d'une voix ferme.

Non, Maurice, non, je ne puis pas, je ne dois pas accepter votre sacrifice. (Très émue.) Ah ! je vous jure que je
suis profondément touchée, et fière, et heureuse... mais
si votre cœur, si votre générosité vous a dicté votre con-
duite, ma raison et surtout mon amour me dictent la
mienne, et tous deux me disent que je ne dois pas...
(Changeant de ton.) Non, je ne dois pas et je ne veux pas.

LE MARQUIS, à part.

J'en étais sûr !

JEANNE, à part.

Mon Dieu !

MAURICE, suppliant.

Geneviève !

GENEVIÈVE, d'une voix éteinte.

Non.

LE MARQUIS, descendant en scène.

Très bien, mon enfant ! (Mouvement de tous les personnages.)
Je n'attendais pas moins de vous, mais maintenant... Ah !
maintenant j'en attends autre chose... J'attends, j'attends
que ce que vous refusez d'accepter de mon neveu, vous
l'acceptiez... de moi.

GENEVIÈVE.

De vous, monsieur?

LE MARQUIS.

Hé! oui, de moi... Ah !... vous ne pouvez plus dire

non... D'abord, j'ai mis dans ma tête que cela serait, et... ensuite, j'ai le droit, que diable ! de disposer de mon bien en faveur de qui bon me semble, tandis que vous n'avez pas le droit, vous, de faire le malheur de... de Maurice... (Montrant Jeanne et Robert.) et aussi de... et puis enfin, le mien. Mais oui, le mien, car si je me résous ainsi à abandonner... mais c'est dans mon intérêt que je le fais... oh ! dans mon intérêt seulement, puisque c'est pour vous forcer à me prendre avec vous et à me donner à votre foyer une petite place, d'où je pourrai jouir de votre bonheur à tous deux et... et voilà, mes enfants, voilà...

GENEVIÈVE.

Monsieur le marquis...

MAURICE, à Geneviève.

Consentez-vous à présent ?

GENEVIÈVE, s'appuyant sur le bras de Maurice.

Maurice !

ROBERT, serrant sa femme sur son cœur.

Ma Jeanne !

LE MARQUIS, gaîment.

Allons ! occupons-nous maintenant de liquider les comptes de la Banque de l'Univers !

Rideau.

FIN

Imprimerie Générale de Châtillon-sur-Seine. A. Pichat.

LA MAISON DES DEUX BARBEAUX, comédie en 3 actes par A. Theuriet et H. Lyon (Odéon) in-18 . . . . 2 fr.

LE MAITRE DE FORGES, pièce en quatre actes et cinq tableaux, par Georges Ohnet (Gymnase), 41e édition, in-18 . . . . 2 fr.

MAL AUX CHEVEUX, comédie en un acte, par Ernest d'Hervilly (Palais-Royal), in-18 . . . . 1 50

MOLIÈRE EN PRISON, comédie en un acte, en vers par Ernest d'Hervilly (Comédie-Française), in-18 . . 1 50

MON FILS, pièce en trois actes, en vers, par Emile Guiard Odéon), in-8 . . . . 3 50

LES NOCES DE MADEMOISELLE LORIQUET, comédie en trois actes, par E. Grenet-Dancourt (Cluny), in-18. 2 ..

LE PÈRE DE MARTIAL, comédie en 4 actes, par Albert Delpit (Gymnase) in-18. . . . . 2 »

POUR DIVORCER, comédie en un acte, par Victor Dubron, in-18 . . 1 50

LA PREMIÈRE DU MISANTHROPE, comédie en un acte, en prose par A. Ephraïm et A. Aderer (Odéon), in-18 . . . . 1 50

PRÊTE-MOI TA FEMME, comédie en deux actes en prose, par Maurice Desvallières (Palais Royal), le 10 septembre 1883, in-18 . . . 1 50

LE PRÉTEXTE, comédie en un acte, en prose, par Jules Legoux, (Vaudeville), in-18 . . . . . 1 50

SERGE PANINE, pièce en cinq actes, par Georges Ohnet (Gymnase), in-18 . . . . 2 fr.

SMILIS, drame en quatre actes, en prose, par Jean Aicard (Comédie-Française), in-18 . . . . . 2 fr.

TOUJOURS! comédie en un acte, par Ch. de Courcy (Comédie-Française), in-18 . . . . 1 50

LES TRIBULATIONS D'UN ESCULAPE, vaudeville en un acte, en prose par Gaston Briet et Cerfbeer (Menus-Plaisirs), in-18 . . . . . . 1 50

UN CRANE SOUS UNE TEMPÊTE, saynète par Abraham Dreyfus (Gaîté), 2e édition, in-18 . . . . . 1 fr.

THE TIMES, saynète anglaise, jouée par mademoiselle Reichenberg, texte d'Olivier du Chastel, musique de M. Ch. Widor, in-18 . . . 1 50

LES CHAMPAIROL, drame en cinq actes et six tableaux en vers par Auguste Fraisse (Menus Plaisirs et Château-d'Eau) in-18 . . . . 2 fr.

UNE MATINÉE DE CONTRAT, comédie en un acte, par Maurice Desvallières (Comédie-Française). . 1 50

L'HÉRITIÈRE, comédie en un acte, en prose, par E. Morand (Comédie-Française), in-18 . . . . 1 50

L'AFFAIRE CERISIER, comédie en un acte, par Léon Muller (Cluny), in-18 . . . . 1 50

L'AS DE TRÈFLE, drame en cinq actes et neuf tableaux, par Pierre Decourcelle (Ambigu), in-18 . . 2 fr.

L'ASSASSIN, comédie en un acte, par Edmond About (Gymnase), in-18 1 50

A L'ESSAI, comédie en un acte, par A. Cahen et G. Sajot (Fantaisies-Parisiennes), in-18 . . . . . 1 50

L'ATHLÈTE, comédie en un acte, en vers par R. Palefroi (Odéon), in-18 . 1 50

ENTRE AMIS, comédie en un acte, par Ludovic Denis de Lagarde (Gymnase), in-18. . . . 2 fr.

BIGOUDIS, comédie en un acte d'Ernest d'Hervilly (Gymnase) in-18 . . 1 50

LA BONNE AVENTURE, opéra-bouffe en trois actes, par Emile de Najac et Henri Bocage, musique d'Emile Jonas (Renaissance), in-18 . . 2 fr.

LA CHARITÉ CHRÉTIENNE, comédie en un acte par Emile Abraham, in-18 . 1 fr.

LA CICATRICE, comédie en un acte par Philippe de Massa, in-18 . . . 1 50

LE CORNAC, comédie en trois actes par Louis Battaille et Henri Feugère (Renaissance), in-18 . . . . . 3 fr.

LES CONVICTIONS DE PAPA, comédie en un acte, par E. Gondinet (Palais-Royal et Gymnase), in-18. . 1 50

DIVORCÉS! comédie en un acte et en vers, par L. Cressonnois et Ch. Samson, in-18 . . . . . . 1 fr.

DIVORCONS-NOUS? comédie en un acte par E. Grenet-Dancourt (Cluny), in-18 . . . . 1 fr.

LA FEMME, saynète en un acte, par E. Grenet-Dancourt (Palais-Royal), in-18 . . . . 1 fr.

GIBIER DE POTENCE, comédie-bouffe en un acte, par Georges Feydeau (Concert-Parisien), in-18 . . 1 50

LA GIFLE, comédie en un acte, par Abraham Dreyfus (Palais-Royal), in-18 . . . . 1 50

HAMLET, drame en vers, en cinq actes et onze tableaux, d'après William Shakespeare, par MM. Lucien Cressonnois et Ch. Samson (Porte-Saint Martin), in-18 . . . 2 fr.

IMPRIMERIE GÉNÉRALE DE CHATILLON-SUR-SEINE. — A. PICHAT.

www.ingramcontent.com/pod-product-compliance
Lightning Source LLC
Chambersburg PA
CBHW072043080426
42733CB00010B/1972